Collection dirigée par
LISE BOËLL

© Éditions Albin Michel, S.A., 2002
22, rue Huyghens, 75014 Paris
ISBN : 2-226-13446-8
www.albin-michel.fr

GILLES VERLANT

# françoise hardy

## ma vie intérieure

ALBIN MICHEL

*P*ourquoi ?
Pourquoi un livre sur Françoise Hardy ? Parce que nous l'aimons, tout simplement. Nous l'aimons pour tout ce qu'elle représente. Pour sa beauté, sa classe folle, le timbre de sa voix.

Parce qu'elle est un grand auteur méconnu : les paroles de ses chansons explorent les méandres les plus secrets de la psychologie amoureuse avec une rare subtilité. Parce qu'elle est unique dans l'histoire de la chanson française, un métier qu'elle exerce avec passion — mais à temps partiel — depuis quarante ans.

Nous l'aimons parce qu'elle a toujours été différente, ingénue, instinctive, hautaine, indépendante, fragile, dilettante. Nous l'aimons pour sa franchise et son côté « Chelsea girl », qui lui vaut l'adoration de rockers réputés incorruptibles. Parce qu'elle est l'héroïne idéale, l'icône sur laquelle nous avons pu, au fil des années, tresser nos fantasmes. Garçon ou fille, nous avons rêvé devant les photos sublimes signées Jean-Marie Périer dans Salut les Copains. Nous l'imaginions menant une vie fabuleuse, rencontrant les Rolling Stones, les Beatles, Bob Dylan, Serge Gainsbourg, Salvador Dali. Au couple Johnny-Sylvie, elle offrait, avec Dutronc, une alternative glamour. Drôles, élégants, sexy, ils avaient tout pour nous plaire. Leur esquif a traversé bien des tempêtes, mais trente-cinq ans après le début de leur histoire d'amour, ils chantent tendrement Puisque vous partez en voyage...

Même si la mélancolie prédomine, même si elle se plaît dans ses états d'âme, cette délectation morose qui la pousse à écrire des chansons comme autant de messages personnels à l'homme aimé, sourd à ses suppliques. Françoise chante le blues, la saudade. Dutronc dit de ses textes qu'ils lui filent le bourdon, elle le prend comme un compliment suprême.

Nous aimons Françoise parce ses disques sont rares, mais d'une fraîcheur remarquable : chez elle, pas de calcul, pas de cynisme, pas de marketing. « Superstar et ermite », son mystère reste entier, alors même qu'elle se livre à cœur ouvert, sans que l'on puisse jamais la taxer d'impudeur. Nous l'aimons. Tout simplement.

G. V.

# Soleil

« J'ai un côté assez voyeur. Mais me retrouver dans la position inverse, être celle que d'autres passent au crible, me met très mal à l'aise. Dans un tête-à-tête, il y a échange de regards, mais quand on est sur une scène, sur un plateau de télévision, il n'y a personne de précis à regarder. Cela m'est insupportable. Et ça ne date pas d'hier : toute petite fille, à l'école, je me cachais pour que la maîtresse ne m'interroge jamais. Déjà j'étais paniquée à l'idée d'être debout devant mes condisciples. A l'origine de ce complexe, il y a peut-être une mésaventure avec ma mère. J'avais 5 ans. Le matin, en partant pour l'école, j'avais oublié de mettre ma culotte... A midi, ma mère est venue me chercher avec ma petite culotte, et j'ai dû la mettre devant tout le monde, à ma plus grande honte ! Dans mon inconscient, être au centre des regards est sans doute associé à la honte. »

Françoise éclate de rire. Un rire qui fait partie de sa grâce innée. Un rire qui chasse les nuages... Un rire à l'opposé de tant de chansons mélancoliques.

Françoise Hardy est née le 17 janvier 1944 à 21 h 30 à Paris, au cours d'une alerte aérienne. Capricorne, ascendant Vierge : « Le Capricorne est un signe qui déconnecte du monde extérieur et porte à une grande démesure rentrée. La Vierge, ce n'est guère mieux. Comme son nom l'indique, elle s'effarouche facilement. Je sors difficilement de mes quatre murs, ma maladresse et ma timidité m'ont toujours fait fuir les mondanités. »

Sa maman, Madeleine, a 24 ans. Aide-comptable à mi-temps, elle vit dans un petit appartement du 9e arrondissement. Au printemps 1945, naissance de la sœur cadette, avec qui elle ne s'est jamais très bien entendue.

Madeleine est mère célibataire, à l'époque on dit encore fille-mère. « Socialement, je suis une "bâtarde", confie Françoise. Mon enfance a été très marginale, il m'en est resté à vie un

# « Je restais seule dans ma chambre rêvant de celui qui viendrait me sortir un jour de l'enfance »

sentiment de honte et d'inconfort. » A l'école, quand on lui pose des questions, elle raconte que ses parents sont divorcés, car c'est ce qu'elle imagine, elle ne comprendra que progressivement la vérité. Mais dans les années 50, dans une école catholique, divorce est synonyme d'opprobre : « Ma mère n'avait sans doute pas choisi son statut de mère célibataire, mais elle en tirait une certaine fierté. Elle non plus ne supportait pas la langue de bois et les donneurs de leçons. Je tiens d'elle l'horreur des consensus et de la morale bourgeoise. »

« Ma mère n'était pas amoureuse de mon père, mais il la sortait de son milieu. » Cet homme mystérieux que Françoise ne voit que trois fois par an, appartient à la grande bourgeoisie. Il dirige une société fabriquant des machines à écrire et à calculer, personne ne doit savoir qu'il a deux enfants illégitimes, même si plus tard il se vantera d'être le père de Françoise Hardy. « Mon père était fou de ma mère, mais il était marié. De son côté, ma mère avait un gros problème avec la gent masculine, puisqu'elle n'a jamais pu passer une seule nuit avec un homme. Comme sa propre mère – ma grand-mère –, elle était frigide et assez castratrice. »

Madeleine, « exceptionnellement belle », grande et élancée, avait commencé à travailler à 16 ans. « J'ai été élevée par une mère seule. Je n'avais personne d'autre à aimer. Je n'éprouvais pas de sentiments forts pour les autres personnes autour de moi, ou alors des sentiments négatifs. J'ai eu pour ma mère un amour démesuré. A l'inverse de ma sœur, plutôt turbulente, j'étais une petite fille soumise, très sage, très disciplinée. Je voyais ma mère se donner beaucoup de mal et je n'avais qu'une angoisse : la décevoir. L'adieu sur le quai de la gare, quand elle nous envoyait en vacances loin d'elle, était un véritable déchirement. Je ne profitais pas beaucoup des vacances, puisque j'étais entièrement suspendue à la venue du facteur et à l'espoir qu'il m'apporte une lettre d'elle. »

Chez Madeleine, on ne plaisante pas avec les horaires. Les petites doivent être couchées à 19 h 30 pile, après le dîner. A 6 heures, debout pour réviser les leçons ! Maladroite, Françoise est surnommée « Mademoiselle Poum » par sa maman, tant elle tombe et renverse des objets. A l'âge de 5-6 ans, les deux sœurs suivent des cours de piano. Françoise a un petit don et son professeur fait en sorte qu'elle joue en public, salle Gaveau. L'angoisse qu'elle ressent au moment de monter sur scène est telle qu'elle supplie sa mère d'arrêter les frais. Longtemps après, elle comprendra que ce qui la paniquait, c'était « l'exaltation maternelle, l'intuition paralysante que ma mère projetait sur moi tous ses rêves de grandeur frustrés ».

Elle préfère s'enfuir dans les rêves. Comme toutes les petites filles, elle lit *La Semaine de Suzette*, et elle passe des heures à regarder des cartes postales et des bandes dessinées dans une librairie rue Saint-Lazare. Sa tante, la sœur aînée de sa mère, vend *L'Humanité Dimanche* à la sortie des églises, malgré sa tuberculose, qu'il pleuve ou qu'il vente. « Elle était artiste peintre. Quand elle a commencé sur le tard à vendre ses toiles, elle a donné tout l'argent au parti », se souvient Françoise. En revanche, elle n'a jamais connu le frère aîné de son père, un

# « Je lisais un beau livre d'images
# Quand une ombre est sortie d'une page »

jésuite mort en déportation à Dachau, après avoir servi de cobaye à des chirurgiens nazis. Inscrite à l'école La Bruyère, une institution religieuse, comme l'a souhaité son père, Françoise éprouve de la honte face aux filles de bonnes familles. Pendant les récréations, elle redoute tellement d'aller vers les autres, plus à l'aise qu'elle, sur tous les plans, qu'elle se réfugie dans la chapelle de l'école, si bien que les bonnes sœurs imaginent qu'elle a la vocation religieuse... Souvent en retard pour régler les trimestres, le père fantomatique l'est aussi pour la pension alimentaire. Madeleine connaît régulièrement des fins de mois difficiles. Les distractions sont rares : les Hardy mère et filles ne vont au cinéma que deux ou trois fois par an, à Noël ou aux anniversaires.

Françoise ne sort jamais de son quartier. Lorsqu'elle monte la rue de Maubeuge, c'est pour prendre le train à la gare du Nord, direction Aulnay-sous-Bois, où vit sa grand-mère abhorrée. « La première fois que je suis allée sur les Champs-Élysées, vers l'âge de 17 ans, j'étais mortellement impressionnée, je pensais que c'était un lieu réservé à une catégorie privilégiée d'artistes et de producteurs de cinéma. »

A l'âge de 8-9 ans, elle se réfugie dans les livres. « Je m'identifiais totalement à des personnages illustrant ce qui allait être ma problématique affective, alors que je ne pouvais pas en avoir conscience à l'âge où j'ai commencé à lire. *La Petite Sirène* d'Andersen, par exemple, est un parfait modèle du masochisme moral : l'héroïne ne peut vivre l'amour absolu qu'elle éprouve pour son beau prince que dans le sacrifice. J'étais aussi fascinée par cet autre conte, moins connu, *La Dame au blanc visage*, une autre passion impossible où le héros tombe désespérément amoureux d'une femme mystérieuse et très belle qui incarne la mort et qui lui demande de le rejoindre au bout de l'étang pour s'y noyer. Mais comme il est la seule raison de vivre de sa vieille grand-mère, il ne peut obéir à celle qu'il aime. Il tombe alors très malade et sa grand-mère découvre son secret dans son délire. Elle va voir la dame qui les prend tous les deux – et tout s'achève dans l'engloutissement général... »

Aussi terribles soient-ils, les contes ne sont rien comparés à sa grand-mère tyrannique, Jeanne Hardy, chez qui Françoise passe ses week-ends et ses petites vacances, dans un pavillon de banlieue qu'elle déteste. « Ma grand-mère, très névrosée, n'a jamais cessé de me dénigrer, elle me disait que j'étais laide, bête, que j'avais tous les défauts de la terre et aucune qualité requise pour mériter d'être aimée. Ce qui a provoqué un manque de confiance en moi que j'ai traîné toute ma vie. Arrivée à l'adolescence, j'étais persuadée de n'être bonne que pour le couvent, que jamais je ne plairais à qui que ce soit de l'autre sexe. Sans le savoir, ma grand-mère a fait énormément de mal autour d'elle et je ne l'ai jamais aimée. Comment aimer quelqu'un qui ne vous envoie que des sentiments hostiles ? Ma mère a été beaucoup moins destructrice qu'elle, malgré une psychorigidité dont j'ai hérité en partie. Avec ses antécédents, elle ne pouvait qu'aimer mal, mais au moins elle aimait. Ses frustrations personnelles

l'ont incitée à survaloriser ses enfants, à les charger, en quelque sorte, de vivre la vie qu'elle n'avait pas vécue, ce qui est lourd à porter pour un enfant, mais comment le lui reprocher ? » Lorsque Françoise a 8 ans, sa mère rencontre un baron autrichien, un joueur qui lui emprunte le peu d'argent qu'elle possède et le perd aux courses, une relation difficile qui durera une dizaine d'années. Après les contes, elle s'échappe de la réalité grâce à la musique. Son héros se nomme Georges Guétary, roi de l'opérette, dont elle possède une quinzaine de disques. Elle les échangera plus tard contre un seul 45 tours de Paul Anka. Bientôt, elle achète ses premières partitions, notamment des chansons de Brel (*Je ne sais pas*) et de Francis Lemarque (*La Rue Saint-Vincent*), qu'elle chante en boucle, dans sa chambrette. Elle adore aussi Trenet, Aznavour (*Il faut savoir, Trousse-Chemise*) et le standard des années 40, *Les Roses de Picardie*. Elle écoute Piaf et Gréco (dont elle déplorera plus tard le « manque de naturel »), et Cora Vaucaire, qui interprète l'une de ses chansons préférées, *La Rue s'allume*. C'est aussi l'âge d'or de la *canzonetta* italienne et des chanteuses à accent, telles Dalida ou Gloria Lasso, qui la passionnent brièvement.

Vers l'âge de 14 ans, elle dévore *Jean-Christophe* de Romain Rolland et *La Chute* d'Albert Camus.
C'est à l'Institut français d'Innsbrück, en Autriche, où elle passe traditionnellement les grandes
vacances dans une famille d'accueil, qu'elle découvre Simone de Beauvoir. C'est aussi en
Autriche que Françoise ressent ses premiers émois amoureux pour un jeune homme aperçu
dans un train et dont le souvenir la hante plusieurs étés consécutifs, puis pour un autre garçon d'une grande beauté qui l'invite pour un slow et flirte avec elle dans un dancing. « Ce
fut miraculeux pour moi. Au milieu de tant de monde, jamais je n'aurais imaginé que ce garçon puisse me remarquer.»
Ses idoles au cinéma se nomment Marina Vlady, Romy Schneider et Brigitte Bardot, dont elle
collectionne les photos, achetées dans une papeterie à l'angle du boulevard et de la place
Clichy. Pour ses 16 ans, sa maman lui offre la robe en vichy rose et dentelle anglaise que
B.B. a rendue célèbre. Mais quand elle l'essaye, comme elle n'a rien pour remplir le corsage,
c'est un désastre. Cela n'arrange pas ses complexes.

# « Ma tête est dans la lune et mon esprit voyage »

Nous sommes en 1960 et Françoise tombe par hasard sur la station anglaise Radio Luxemburg, qui ne diffuse que du rock'n'roll. Sa vie va alors connaître une véritable révolution. Elle est bientôt incollable sur les derniers tubes d'Elvis Presley, Eddie Cochran, Jerry Lee Lewis, Cliff Richard, Roy Orbison, Brenda Lee, Paul Anka et les Everly Brothers. « Je me suis très tôt intéressée à la chanson comme mode d'expression. Lorsque j'ai découvert le rock, c'est devenu une passion telle que je ne pouvais pas envisager mon avenir sans qu'il ait un rapport avec ce type de musique. J'ai songé à devenir programmatrice de radio ou à travailler dans l'édition musicale. » Quand elle réussit son bac avec deux ans d'avance, sa mère fait pression sur son père pour qu'il marque le coup en lui faisant un beau cadeau. « J'ai hésité entre un poste transistor et une guitare. J'ai finalement opté pour la guitare. Grâce à une petite méthode élémentaire, j'ai appris trois ou quatre accords. Tout naturellement, j'ai commencé à imiter – mal – les chansons que j'entendais sur cette station anglaise. Je les jouais dans la cuisine, pour l'acoustique. »

A la rentrée 1960, après quinze jours à Sciences po, où elle se sent totalement déphasée avec son imper en popeline bleu ciel et ses chaussures jaunes au milieu des jeunes gens en costume-cravate, Françoise s'inscrit à la Sorbonne, où elle enchaîne une propédeutique lettres, comme

on dit à l'époque, et une année d'allemand avec le vague projet de devenir prof. Parallèlement, elle écrit tous les jours une chanson (« Elles étaient épouvantables ! ») et prend des cours au Petit Conservatoire de la chanson de Mireille, qui lui dit : « On ne peut pas dire que la conviction vous étouffe. Vous avez confiance en votre avenir comme un condamné à mort dans le sien. » Très vite, sa relation avec Mireille « ressemble à celle d'une mère et d'une fille ». Malgré une technique rudimentaire, Françoise joue sans cesse de la guitare, dans le but de composer des mélodies. La fac l'ennuie, elle chante « ses petites chansons sur trois accords » au Moka Club, près de l'Hôtel du Louvre, et au Club des Mordus.

Un jour, elle apprend en lisant *France-Soir* qu'« une grande maison de disques auditionne de nouveaux artistes ». Surmontant sa timidité Françoise se rend chez Pathé-Marconi, seule, sans sa maman, et se fait jeter avec beaucoup de

« Comment sortir de là ?
C'est une drôle d'angoisse
d'être dans l'impasse »

# « Tous mes amis, oui, enviaient ma chance, mais moi, je pense encore à leur bonheur »

gentillesse : on lui reproche de ressembler à Marie-Josée Neuville, une jeune auteur-compositeur-interprète de la chanson apparue à la fin des années 50. Mais, alors qu'elle est sur le pas de la porte, on la rappelle pour lui faire écouter son audition. C'est la première fois qu'elle s'entend et elle est agréablement surprise. Lors d'une deuxième audition, arrangée par l'ingénieur du son André Bernot, chez Vogue cette fois, le directeur artistique Serge Goron lui fait chanter une version de *24 000 baisers*, un succès récent de Johnny Hallyday et Dalida. Accompagnée par l'accordéoniste Aimable, elle ne chante pas en mesure (un problème qui la poursuit encore). C'est un échec cuisant. Pour se consoler, elle part quelques jours en vacances en Italie. A son retour, Bernot lui propose de lui donner quelques cours. Ils préparent ainsi une troisième audition qu'entendra par hasard Jacques Wolfsohn, un des directeurs artistiques de la maison, qui vient de lancer Hallyday et Petula Clark. L'audition a lieu le 24 novembre 1961. Le jour même, Wolfsohn appelle Madeleine Hardy pour qu'elle signe le contrat de sa fille encore mineure. Françoise a l'impression d'avoir décroché la lune.

Le choix des chansons de son premier *extended-play* (E.P.) quatre titres a lieu au cours des premières semaines de l'année 1962, alors que Johnny occupe le sommet des ventes avec *Retiens la nuit*, *Sam'di soir* et *Viens danser le twist*, suivi de près par Henri Salvador (*Le lion est mort ce soir*), Sylvie Vartan (*Est-ce que tu le sais ?*) et Jeanne Moreau (*Le Tourbillon*). Wolfsohn mise sur *Oh oh chéri*, une chanson de Jil et Jan, paroliers de nombreux succès de Johnny, mais il a aussi sélectionné trois titres signés par Françoise. Le 25 avril, en un après-midi, a lieu l'enregistrement des quatre chansons, parmi lesquelles le charmant *J'suis d'accord* : « J'suis d'accord / Pour le rock / Le twist ou le chacha / J'suis d'accord pour tout c'que tu voudras / Mais ne compte pas sur moi / Pour aller chez toi. » Mais c'est évidemment *Tous les garçons et les filles* qui va séduire Daniel Filipacchi, principal animateur de *Salut les Copains*, l'émission qu'écoutent des millions de teenagers sur Europe n° 1. La première fois qu'elle entend sa chanson à la radio, Françoise

saute de joie. Le disque sort en juin, alors qu'elle se prépare à participer à un gala en public du Petit Conservatoire de Mireille, devant les caméras de la télévision.

*Tous les garçons et les filles de mon âge*
*Se promènent dans la rue deux par deux*
*Tous les garçons et les filles de mon âge*
*Savent bien ce que c'est qu'être heureux*
*Et les yeux dans les yeux*
*Et la main dans la main*
*Ils s'en vont, amoureux*
*Sans peur du lendemain*

# « On se dit qu'à vingt ans on est les rois du monde Et qu'éternellement il y aura dans nos yeux tout le ciel bleu »

Tradition oblige, Françoise passe le mois de juillet en Autriche. A son retour, elle est épatée d'avoir vendu 2 000 exemplaires de son disque. A la fin de l'été, alors qu'on a appris le suicide de Marilyn Monroe et qu'un jeune quartet de Liverpool nommé les Beatles enregistre son premier 45 tours (« Love Me Do »), la machine s'emballe. En octobre, *Tous les garçons et les filles* atteint les 800 000 exemplaires. Bientôt, le chiffre d'un million – hallucinant pour l'époque – est allègrement dépassé (chiffre auquel il faut ajouter les ventes européennes : la chanson sera un peu plus tard un énorme succès en Italie).

Françoise n'a pas de mots assez durs pour critiquer cette « rengaine simplette sur trois notes », pourtant épatante. « Sur le moment, j'étais contente que la chanson marche et qu'elle passe

à la radio, mais la pauvreté des arrangements m'a toujours exaspérée. Son succès a été déterminant et, si je semble la dénigrer aujourd'hui, c'est parce que j'ai l'impression que les gens ne connaissent de moi que ce titre, alors que j'en ai enregistré beaucoup d'autres très supérieurs sur tous les plans... Toutes les chansons que j'écoutais à l'époque abordaient le thème de la solitude adolescente, en particulier ce tube de Paul Anka, *Lonely Boy*. Si cette chanson a plu, c'est surtout parce qu'elle exprime avec autant de naïveté que d'authenticité le désarroi de l'âge ingrat ! »

En août 1962 sort en kiosque le premier numéro du magazine *Salut les Copains*, mais c'est en couverture de *Paris-Match* qu'elle se retrouve bientôt. Face aux blousons noirs, face aux rockers purs et durs (Chaussettes noires, Chats sauvages, etc.), elle « est encensée par la presse adulte parce qu'elle va à contre-courant de la mode twist, qu'elle vit chez sa maman avec sa sœur et qu'elle a peur des garçons », comme l'analyse François Jouffa. « J'ai tout de suite été emportée dans un tourbillon qui n'était pas toujours facile, car tout est arrivé au même moment », se souvient Françoise, qui fait sa première grande télé lors de la nuit des élections du 30 octobre. Entre-temps, elle est tombée amoureuse de Jean-Marie Périer, photographe de *Salut Les Copains*. « Quand je suis arrivé dans le petit appartement qu'elle occupait avec sa mère, raconte Périer, j'ai été très ému par la simplicité de l'endroit, et par sa simplicité à elle. Elle portait une espèce de pull-over au col en V, informe, ça ne l'intéressait pas de s'habiller, pire : ça l'ennuyait. J'ai toujours trouvé ça sympathique chez elle, qu'elle se moque de son look. Ensuite, j'ai eu le privilège de partager sa vie pendant quelques années, c'était magnifique, même si je ne suis pas certain d'avoir été l'homme de la situation. En fait,

je crois que je me suis surtout occupé de son image, alors qu'il aurait mieux valu m'occuper d'elle, en gros... Très vite elle a eu cette aura de sphinx mystérieux qui impressionnait prodigieusement les journalistes. Moi, bien sûr, je me suis beaucoup amusé à pousser au maximum son côté éthéré et intouchable, tout en sachant qu'en privé elle est à l'exact opposé : c'est quelqu'un de formidablement simple ! Comme je le dis toujours, elle est un paradoxe sur deux grandes jambes... »

« Lorsque j'ai rencontré Jean-Marie, il m'a présenté sa famille et j'ai été éblouie, raconte Françoise. Enfin une famille libre, chaleureuse, décontractée, sans aucune mesquinerie ! Une famille d'artistes, aussi... Je ne savais pas que ça pouvait exister ! » Jean-Marie devient vite pour elle un véritable Pygmalion. Il la dégrossit (« Dans le cas de Françoise, c'est pas tout à fait le mot », remarque Jacques Dutronc) et la rassure. Très vite, Périer constate : « Pour Françoise, ce qui a toujours compté, c'est écrire des chansons, s'emballer pour les chansons des autres, que les radios les passent et... aimer quelqu'un. » « Oui, il a été quelqu'un de très important dans ma vie, confie Françoise. Même s'il est délicat de parler de quelqu'un avec qui on a eu un lien aussi intime. Il a été le premier homme qui a réellement compté dans ma vie, il m'a considérablement aidée. J'étais complètement ignorante, innocente. Il m'a conseillée et influencée, j'ai beaucoup appris à son contact. »

## « Un beau jour c'est l'amour et le cœur bat plus vite Car la vie suit son cours et l'on est tout heureux d'être amoureux »

Sorti fin 1962, son premier album obtient quelques mois plus tard le prestigieux Grand Prix de l'Académie Charles-Cros. En plus de son immense tube qui fait l'objet d'un scopitone (l'ancêtre du clip vidéo) tourné par Claude Lelouch, le 33 tours contient *C'est à l'amour auquel je pense*, une chanson qu'elle voudrait détruire (« Moi qui suis tellement attachée au français, j'ai écrit le texte en même temps que la mélodie sans me rendre compte de cette énorme faute »), et dix autres morceaux, parmi lesquels *Ton meilleur ami* et *Le Temps de l'amour*, sur une musique composée par un débutant nommé Dutronc. Au sein de la génération *Salut les Copains*, Françoise, qui écrit et compose la plupart de ses chansons tient bientôt le rôle de la « rêveuse intellectuelle », face à Sylvie Vartan, Sheila et bientôt France Gall. « Je ne sais pas pourquoi l'on m'a collé cette étiquette. Mes musiques étaient simplettes, mes textes n'avaient rien de très sérieux ni de très profond, ils étaient seulement l'expression d'une sentimentalité excessive et naïve. Je fonctionne surtout au sentiment et à la sensation, je suis bien plus nature que culture ! »

« Je ne suis pas toujours ici mais ailleurs »

« Viens te prendre à mon mirage
te noyer dans mes yeux gris »

Avec le succès arrivent les premières critiques. Moquée pour sa voix (Périer l'appelle « la cantatrice », pour la faire rire), elle est rebaptisée « l'endive du twist » par Philippe Bouvard. « J'avoue que cela m'amusait et que c'était bien trouvé. J'avais l'habitude des surnoms légumiers : avec mon mètre soixante-douze et mes cinquante-deux kilos, depuis l'école je me faisais traiter d'asperge... »

Françoise, qui s'apprête à fêter ses 19 ans et vit désormais dans un studio rue du Rocher, effectue ses premiers pas sur scène, notamment à Nancy, puis à Monaco, lors d'un gala où elle se retrouve à la même affiche que Jacques Brel, Claude Nougaro et Leny Escudero. De mois en mois, ses photos sont de plus en plus présentes dans les pages de *Salut les Copains*. Filipacchi (rédacteur en chef) et Périer (photographe vedette) se livrent à une guerre de tranchées, chacun poussant sa fiancée : Sylvie Vartan pour le premier, Françoise pour le second. Les chiffres de vente de leurs disques sont totalement étrangers à leurs tactiques (d'autant que Françoise, après le boum initial, ne sera plus jamais une « grosse vendeuse », du moins jusqu'en 1973, à la sortie de *Message personnel*). Ils ont compris, en revanche, que des millions de jeunes filles s'identifient à ces nouvelles héroïnes, dont elles punaisent les portraits sur les murs de leur chambre, au-dessus du Teppaz et du transistor.

« J'avais la chance de savoir faire des photos, j'avais un journal dans lequel je pouvais faire ce que je voulais et j'aimais cette fille, raconte Périer. Je n'allais pas me priver ! Je me souviens avoir fait sur elle 65 pages d'un seul numéro de *Salut les Copains*... Pour moi, il était indéniable que c'était la plus belle. Je la trouvais remarquable, unique, rare, elle ne ressemblait à personne d'autre. »

« Ils vivaient une grande histoire tous les deux, confirme Étienne Daho. Il était très excité par le personnage de Françoise, il avait envie de la mettre en valeur ; sur chaque photo, chaque pochette, l'amour et l'admiration sont palpables. »

# « Pour une seconde d'inattention, de négligence, de distraction on perd des choses ou sa raison »

Françoise n'a aucun goût vestimentaire, et pourtant, très vite, elle devient un symbole du look des années 60. « J'ai commencé à me préoccuper de mes tenues à partir du moment où j'ai dû faire de la scène. Dès 1963, j'ai enchaîné des tournées en vedette américaine de Richard Anthony, Mouloudji et Hugues Aufray. Je me suis donc rendue chez les couturiers dont les modèles étaient susceptibles de me convenir. Le premier et de loin le plus important fut Courrèges, un créateur pour qui, en plus de l'admiration, j'ai instantanément éprouvé une très vive sympathie. Il m'a confectionné une tenue sublime, d'avant-garde comme tout ce qu'il faisait, qui correspondait bien à ma morphologie particulière. »

Françoise est aussi l'une des premières, en France, à oser la mini-jupe. « Les gens ne me croient pas quand je dis ça, mais peu de choses me vont... En 1963, j'ai eu l'impression que les mini-jupes m'allaient assez bien et je les ai donc adoptées... »

« J'ai l'impression d'avoir été une femme moderne pour trois choses, ajoute Françoise. J'ai toujours gagné ma vie. J'ai utilisé la contraception avant qu'elle soit légalisée et – en partie à cause de mon enfance, mais pas seulement – le mariage m'a toujours paru une sorte d'aberration imposée par la société. »

Malgré cette liberté d'esprit, elle subit des pressions qui l'obligent à faire quelques concessions au show-biz : Lucien Morisse, patron d'Europe n° 1, tient à ce qu'elle participe au Grand Concours Eurovision de la chanson, qui a lieu cette année-là en direct de Londres, le 23 mars. Accompagnée par l'orchestre de Marcel Hendrix (*no relation*), Françoise défend les couleurs de Monaco avec *L'amour s'en va*, tandis que la France est représentée par Alain Barrière (*Elle était si jolie*) et le Luxembourg par Nana Mouskouri. « La chanson était horrible – j'en ai signé les paroles et la musique, mais j'assume. J'avais tellement le trac que je ne l'ai pas chantée, je l'ai bêlée. Ça reste un de mes souvenirs les plus cauchemardesques. » Françoise termine cinquième, mais sa carrière européenne s'en trouve renforcée : elle devient une grande vedette en Suède, en Allemagne et en Italie.

## « Un peu d'eau qui coule et scintille puis s'arrête juste au bord de ses cils et l'amour qui passe s'arrête aussi »

Arrive l'été, partagé entre de vraies vacances et une tournée de galas où, pour la première fois, elle est confrontée à un public hostile et grossier. « Peut-être parce que mon style est déjà périmé, ou simplement parce que j'ai déçu », dit-elle à *Bonjour les Amis*, concurrent catho de *Salut les Copains*. C'est aussi en 1963 qu'elle va voir pour la première fois un astrologue, André Barbault, qui lui parle de son masochisme, mais aussi de la rupture plus que probable de son couple en 1966, ce qui la bouleverse.

Après l'Eurovision, ses E.P. suivants (avec *Qui aime-t-il vraiment ? Le Premier Bonheur du jour* et *Le sais-tu ?*) ne sont que des demi-succès, tout comme son deuxième album. Pourtant, en plus de ses propres chansons, Françoise choisit son répertoire avec goût : à Paul Anka, elle emprunte *Think About It* (*Avant de t'en aller*), à Dionne Warwick *The Love Of A Boy* (*L'Amour d'un garçon*, signé Burt Bacharach et Hal David). Six mois après *Le Temps de l'amour*, Jacques Wolfsohn lui propose la mélodie de *Va pas prendre un tambour*, composée par Jacques Dutronc. A l'époque, il a le regard dissimulé par d'épaisses lunettes, le cheveu ras ; elle le remarque à peine.

La rentrée 1963 est agitée : Françoise fait la couverture de *Elle* et ses débuts au cinéma, dans le rôle d'Ophélie dans *Château en Suède*, mis en scène par Roger Vadim d'après le roman de Françoise Sagan. Ses partenaires se nomment Curd Jürgens, Monica Vitti, Jean-Claude Brialy, Suzanne Flon et Jean-Louis Trintignant. Le 7 novembre, pour la première fois, elle monte sur les planches de l'Olympia au même programme que Richard Anthony. L'interprète de *J'entends siffler le train* affiche complet pendant huit semaines.

## « C'est le temps de l'amour, le temps des copains et de l'aventure »

Sur les conseils de Richard, Françoise s'envole pour Londres en février 1964, où elle enregistre pour la première fois quatre titres en anglais, dont le standard *Catch A Falling Star* et *Find Me A Boy*, la version internationale de *Tous les garçons et les filles*. « J'étais insatisfaite de mes deux premiers albums. A Londres, j'ai rencontré Charles Blackwell, un arrangeur à qui je n'avais rien besoin d'expliquer : instinctivement, il me créait les rythmiques et les cordes que je rêvais d'entendre. » Le début de la période londonienne de Françoise, surnommée « the Yeh-Yeh girl from Paris », est marqué par des séries de concerts dans le cadre très chic du Savoy. Son image séduit aussitôt des milliers de jeunes Anglais, parmi lesquels David Bowie (« J'ai été durant de longues années passionnément amoureux d'elle »), Eric Clap-ton (qui lui fit le même aveu en 1999) ou Malcolm McLaren, futur manager des Sex Pistols avec qui, dans les années 90, Françoise enregistrera un disque : de Brian Jones et Mick Jagger des Rolling Stones, qui débutaient à peine, à John Lennon et Paul McCartney des Beatles, tous voulaient l'approcher et la séduire quand elle venait à Londres. Sa notoriété franchit l'Atlantique, un reportage photo signé William Klein est publié dans le *Vogue* américain, puis elle se retrouve adoubée par l'auteur de Blowin' In The Wind. Au dos de l'album « Another

Side Of Bob Dylan », publié en septembre 1964, figurent ces quelques lignes : « For Françoise Hardy / At the Seine's edge / A giant shadow / Of Notre-Dame / Seeks t'grab my foot / Sorbonne students / Whirl on thin bicycles... »

En France aussi, de jeunes fans de rock succombent au charme de Françoise, tel Alain Bashung : « Elle est née égérie, et elle mourra égérie. Au début, je n'avais pas accroché, j'aimais les choses plus brutales, mais mon transistor s'illuminait quand elle passait à la radio. Son timbre de voix est absolument magique et mystérieux. » « Je la trouvais très belle, romantique et sexy, surenchérit Alain Souchon. Elle avait l'air d'être sur la réserve, elle était statique et fière, ça me plaisait beaucoup. Et puis elle avait cette... vous voyez, cette bouche... un truc dingue ! »

## « Je m'étire et je fume les yeux à demi clos j'aperçois le clair de lune qui brille derrière mes carreaux »

Ses succès n'empêchent pas Françoise d'être malheureuse, parce qu'elle est constamment éloignée de l'homme qu'elle aime. Qu'elle soit à Londres, à Paris ou à Sao Paulo, où elle écrit quelque temps après *Dans le monde entier* (qui deviendra son plus gros succès en Grande-Bretagne sous le titre *All Over The World* au printemps 1965), elle se languit : « La seule chose qui m'intéressait était d'arriver à faire des chansons. Dès que j'avais un moment de libre, je m'enfermais dans la salle de bains de mes chambres d'hôtel parce que l'acoustique y est meilleure (...). J'étais loin de Jean-Marie, je vivais dans l'attente du coup de fil qui allait me redonner un peu de vie. »

*Mais ce soir tu n'es pas là*
*Ce soir tu ne viendras pas*
*Et tu es si loin de moi*
*J'ai peur que tu m'oublies déjà*

« Jean-Marie m'avait donné un peu plus confiance en moi sur le plan professionnel, mais sur le plan privé, pas tant que ça... J'étais tellement en demande par rapport à lui que cela l'avait rendu un peu désinvolte. Paradoxalement, j'aurais eu besoin qu'il me traite comme s'il risquait de me perdre à tout moment. Je n'ai jamais su jouer la distance ni l'indifférence... »

L'année 1964 s'achève par un deuxième Olympia, en première partie des Compagnons de la Chanson – un choix inattendu pour une star de *Salut les Copains* –, et par l'enregistrement de son troisième album, où figurent *Mon amie la rose* ainsi que *Et même*, le constat d'une infidélité :

*Et même si notre amour est le seul important*
*Si elle ne fut qu'un caprice d'un instant*
*Il y a quelque chose en toi que je n'aime plus*
*Quelque chose qui me semble à tout jamais perdu*

« Quand je l'ai connue, avoue Jean-Marie Périer, c'était une jeune femme qui voulait vivre quelque chose de simple avec un garçon de son âge, et malheureusement nos vies étaient compliquées.

## « La beauté du diable le rend inoubliable entre tous… »

Elle chantait à Londres, j'étais sans cesse en reportage pour *Salut les Copains, Mademoiselle Age Tendre* ou *Lui*, pour lequel je photographiais de belles plantes… » Déjà hanté par l'envie de faire du cinéma, Périer imagine à cette époque de tourner un remake des *Enfants terribles* de Cocteau, avec Mick Jagger et Françoise Hardy. Il en profite pour shooter une série de photos légendaires. « Il nous avait réunis pour un reportage parce qu'il pensait qu'on avait un petit air de famille. J'étais évidemment très troublée par Mick, qui avait un charme irrésistible, la beauté du diable… Dans une interview, il avait déclaré que je correspondais à son idéal féminin, alors imaginez mon émoi… »

En plein âge d'or du Swinging London, Françoise côtoie les stars. « Après mon spectacle au cabaret de l'hôtel Savoy, j'allais dans les discothèques où je croisais des membres des Beatles ou

# « Dans ce bar de grand hôtel
# Raybans foncées qui vous évitent
# Et nos discours superficiels »

des photographes comme David Bailey. J'étais fascinée et en même temps je n'avais aucun rapport avec eux, ne serait-ce qu'à cause de la langue et parce qu'à cette époque j'ignorais tout de la drogue ! Mon innocence frôlait d'ailleurs la bêtise. A l'évidence, tout ce beau monde planait beaucoup... Brian Jones, des Stones, m'avait invitée à passer une soirée chez lui. Comme j'avais refusé les joints qu'ils m'offraient, j'ai su après que Brian et sa compagne Anita Pallenberg s'étaient demandé pourquoi j'étais venue et sur lequel des deux j'avais des vues ! J'étais simplement ravie et éblouie de me retrouver en leur compagnie ! »

L'année 1965 se poursuit sur un rythme infernal : elle séduit le public allemand en chantant *Frag den Abendwind*, un morceau original enregistré pour un show de télévision qui la propulse vedette du jour au lendemain. Entre deux obligations promotionnelles, elle tourne un deuxième film en Grèce, *Une balle au cœur*, mis en scène par Jean-Daniel Pollet, avec le séduisant Sami Frey. A la rentrée, *Dis-lui non* annonce la sortie de son quatrième album, avec *L'Amitié*, un titre de Jean-Max Rivière pour les paroles et Gérard Bourgeois pour la musique, l'une des rares chansons de l'époque pour laquelle elle éprouve une réelle fierté.

*Beaucoup de mes amis sont venus des nuages*
*Avec soleil et pluie comme simples bagages*

Comme l'avait annoncé l'astrologue André Barbault, 1966 est l'année de sa rupture avec Jean-Marie Périer. Auparavant, elle a fait une brève apparition dans deux films que tout oppose : *What's New Pussycat ?* de Clive Donner (avec Peter O'Toole, Romy Schneider, Woody Allen, Ursula Andress, et Peter Sellers) et *Masculin Féminin* de Jean-Luc Godard. Elle passe ensuite cinq mois entre Monaco, Londres, Milan et Francorchamps pour les besoins de *Grand Prix*, réalisé par John Frankenheimer, un film sur les courses de Formule 1 avec Yves Montand et quelques pilotes de légende. Mais voilà qu'on annonce, pour le 24 mai, un concert de Bob Dylan à l'Olympia. Françoise est en transe. « J'écoutais à longueur de temps son dernier album, "Highway 61 Revisited", et j'angoissais à l'idée que Frankenheimer ne me laisse pas remonter à Paris pour ce concert. Dieu merci, j'ai eu la permission, mais Dylan, à cette époque, était dans un état physique déplorable, sa première partie a déçu tout le monde. Il s'est ensuite passé une chose étonnante : l'entracte s'éternisait, le public commençait à siffler et quelqu'un est venu me chercher pour me dire : "Bob Dylan souhaite que vous veniez dans sa loge, sinon, il ne remontera pas sur scène. " Cette histoire me paraît rétrospectivement tout à fait surréaliste, mais c'est exactement comme ça que les choses se sont passées. En coulisse, j'ai découvert quelqu'un qui m'a donné l'horrible impression d'être aux portes de la mort. A la fin du concert, je suis allée à son hôtel avec un tas d'autres personnes et j'ai eu le privilège d'être invitée, seule cette fois, dans sa chambre et de découvrir deux chansons

de l'album "Blonde On Blonde" qui n'était pas encore sorti : *I Want You* et surtout *Just Like Woman*, une de ses chansons les plus inspirées. C'est l'un des plus grands souvenirs de ma vie. »

A Londres, durant le tournage de *Grand Prix*, elle rencontre, par hasard, dans un petit restaurant de Chelsea un séduisant acteur anglais qui l'avait subjuguée dans un film qu'elle venait de voir à Paris. Spontanément, Françoise va le féliciter et l'informe « du grand succès de son film en France ». Avant de partir, le jeune premier se dirige à son tour vers sa table et lui propose un rendez-vous. Elle ne résiste pas et quitte Périer pour un amour impossible qui va lui valoir une année de souffrances, de frustrations et de dépression : l'acteur shakespearien est un homme marié...

Désespérée par son amour impossible, Françoise écoute en boucle des chansons tristes, comme *Strangers In the Night* de Sinatra et *Se Non Avessi Piu Te* de Gianni Morandi. Ses textes de l'époque sont révélateurs de la dépression qu'elle traverse, ce sont des chansons de pure mélancolie, telles que *Au fond d'un rêve doré*, *Si c'est ça* ou *J'ai fait de lui un rêve* :

> « J'ai fait de lui un rêve
> Pour ne plus en souffrir
> Et je vis dans mon rêve
> Sans souvent en sortir »

Brave petit soldat, cornaquée par son secrétaire-agent Lionel Roc, elle ravale ses pleurs et chante cette année-là en Turquie, au Liban, en Angleterre, en France et en Allemagne, au total 73 récitals en un trimestre. Au printemps, son adaptation d'un succès d'Adriano Celentano (*La maison où j'ai grandi*) est un succès. A la rentrée, annonçant le sixième album, *Rendez-vous d'automne* est classé dans le hit-parade de *Salut les Copains* pas loin derrière *Les Play-Boys* d'un certain Jacques Dutronc. Celui-ci l'accompagne sur *Qui peut dire ?*, dans son dernier *extended-play*. En route pour 1967, l'année de tous les changements.

# Moi vouloir toi

En février 1967, on lit dans le jeune mensuel *Rock & Folk* cette déclaration de Françoise :
« J'ai une grande admiration pour Michel Polnareff et pour Jacques Dutronc. Ce sont les
deux révélations de la nouvelle vague. » Au même moment, elle entame une nouvelle série
de récitals au Savoy, à Londres, tandis que les Beatles publient le single *Strawberry Fields
Forever / Penny Lane*. A cette occasion, elle porte du Paco Rabanne pour qui « Françoise représente un type de femme ultra-moderne, le symbole de la féminité des années 60, comme
Bardot était celui des années 50 ». « A Londres, j'avais demandé à Paco Rabanne de me
confectionner une tenue et je me suis retrouvée avec une combinaison métallique qui pesait
seize kilos, raconte Françoise. Moi qui étais déjà très statique sur scène, je ne pouvais plus
bouger du tout ! En plus, le poids du matériau entraînait l'entrejambe qui descendait jour
après jour. Résultat, Paco Rabanne devait m'envoyer non pas des couturières mais des ouvrières
munies de tenailles, de tournevis, de marteaux, pour remonter l'entrejambe de cette tenue
diabolique qui était, je tiens à le préciser, magnifique ! »

Côté discographique, l'année 1967 est marquée par la sortie de deux E.P. sur un label baptisé par
elle Asparagus, en souvenir de tous ceux qui l'avaient traitée de grande asperge. Cette nouvelle configuration lui offre une plus grande liberté artistique, même si elle reste distribuée
par Vogue. C'est ainsi qu'elle enregistre une version très réussie des *Ronds dans l'eau*, chanson

du film *Vivre pour vivre* de Claude Lelouch créée par Nicole Croisille. Quelques mois plus tard, elle propose *Ma jeunesse fout le camp*, qui va donner son titre à un nouvel album. « Je n'avais que 23 ans lorsque je l'ai chanté, mais déjà j'avais peur du temps qui passe trop vite. » Sur le même disque figure une autre reprise, celle d'un poème d'Aragon mis en musique par Brassens, *Il n'y a pas d'amour heureux*. « J'adore cette phrase qui résume la condition humaine : "Le temps d'apprendre à vivre il est déjà trop tard", quel raccourci saisissant ! »

Cette année-là, Jean-Christophe Averty lui consacre une émission de télé, « Françoise Hardy Blues ». Un titre on ne peut plus adéquat à cette époque de la vie. En juin 1967, elle est choquée par la mort de Françoise Dorléac, la star des *Demoiselles de Rochefort* avec sa sœur Catherine Deneuve, brûlée vive dans un accident de voiture. Mal remise de son dernier chagrin d'amour, Françoise se sent très attirée par Jacques Dutronc, mais celui-ci ne lui envoie aucun signe positif... L'épuisement des galas aidant, elle souffre de malaises et de chutes de tension brutales. En un mot, elle fait un début de dépression. « Moi qui ai toujours été quelqu'un d'assez motivé, je pleurais tout le temps. Je basculais dans une indifférence terrifiante et indescriptible. »

A la fin de l'été, Françoise chante au Canada, une quinzaine de galas à la même affiche que le chanteur allemand Udo Jürgens. Quelques semaines plus tard, on apprend dans la presse du cœur que Françoise et Jacques sont « fiancés »... Que s'est-il passé dans l'intervalle ? Pour résumer l'affaire, pendant près d'un an, aucun des deux n'avait osé faire le premier pas. On ne compte pas les occasions manquées par ces deux grands timides : ils participent tous deux à une émission de télévision à Berlin et descendent dans le même hôtel, mais il ne l'appelle pas dans sa chambre, alors qu'elle n'attend que ça. Partageant l'affiche d'un gala en Belgique, la voiture de Françoise étant accidentée, Jacques lui propose de rentrer à Paris avec lui. Assis tous deux à l'arrière de sa DS, il ne fait pas le moindre geste... « Ouais, je me souviens du coup de la DS, ricane Dutronc. Moi, elle me paraissait inaccessible... C'était plus facile de me croquer des petits boudins... J'aime bien contempler une belle toile, mais de là à repeindre dessus, c'est autre chose... L'admiration provoque une sorte de distance. En clair, cela ne m'était jamais venu à l'esprit que j'avais mes chances, elle ne me donnait pas beaucoup d'indications. »

« Quand nous nous sommes revus en 1967, précise Françoise, Jacques sortait d'une rupture. En fait, il devait se marier et, deux jours avant la cérémonie, il avait tout annulé. Avec Wolfsohn, on allait chez Castel et chez Régine et je voyais ce Dutronc, que je trouvais très

séduisant, flanqué de minettes toujours différentes que je ne trouvais pas assez bien pour lui. Étant donné sa vie dévergondée, je pensais n'avoir aucune chance... »

Françoise, qui vient de faire construire une maison en Corse, face à l'île Rousse, au-dessus du petit village de Monticello, prend cependant l'initiative d'y inviter Jacques, qui débarque avec sa bande de copains. Ceux-ci complotent et les laissent seuls un soir... « Disons que j'étais motivé par mes supporters. Certains connaissent le coup de foudre, moi je suis un peu lent. C'est vrai que c'était une très jolie fille à l'époque... Maintenant aussi d'ailleurs, enfin, je sais pas, ça fait deux jours que je l'ai pas vue et à cet âge-là, ça bouge... Globalement, elle se maintient bien. Je l'ai connue à 52 kilos, elle en a peut-être pris un ou deux à tout casser en trente ans, c'est pas mal. J'en connais d'autres qui se sont fait rouler : ils passent de 50 à 100 kilos, c'est effrayant. Et puis à l'époque, il existait des listes de femmes que tout le monde

51

rêvait de croquer. Et Françoise en faisait partie. Le genre, si tu arrives à la séduire, tu es bon
pour la mine de sel, tu payes toute ta vie, mais tant pis ! »

« Ça s'est fait comme ça, résume Françoise, l'alcool aidant. Il m'a parlé de 10 heures du soir à
5 heures du matin... Une nuit tout à fait extraordinaire, je ne parle pas du dénouement, mais
des prémices... Extraordinaire, parce qu'il n'a pas cessé de parler, et malheureusement, comme
tout cela était très arrosé, je n'ai aucun souvenir de tout ce qu'il a pu me raconter. Comme c'est
quelqu'un qui se tait la plupart du temps, je me mords encore les doigts d'avoir tout oublié ! »

Le lendemain matin, suite à un pari avec ses copains, Jacques exhibe un foulard rouge.
« C'était un code. D'accord, c'est pas très élégant, mais bon, c'était une manière de dire que
je m'engageais avec elle. Ce n'était pas que l'exploit d'un soir. »

Quelques mois plus tôt, Françoise avait insisté pour présenter Dutronc à son ancien compagnon,
Jean-Marie Périer. « On s'est vus et il s'est passé un truc fou : j'ai été immédiatement passionné par ce mec. Un flash extraordinaire, magnifique, et ça n'a jamais cessé depuis. Ah
oui, vraiment, elle a eu absolument raison de choisir Dutronc. Si j'avais été une femme, j'en
aurais fait autant ! »

« Jean-Marie est un excellent vendeur, commente Dutronc, ce qui est parfois un défaut :
quand il t'annonce qu'il faut absolument que tu rencontres Untel ou Unetelle, il en fait des

## « Quand je l'ai vu (...) j'ai su que c'était celui-là et pas un autre »

caisses, au point qu'on est souvent déçu. Moi, il m'a bien vendu auprès de Françoise. Beaucoup mieux que je ne l'aurais fait moi-même, je ne suis pas très fort à ce jeu-là. C'est un vrai ami, pour elle comme pour moi. On a des souvenirs précieux, comme la fois où on s'est retrouvés à Noël à Mexico, dans une chambre d'hôtel. Comme il sait que je n'aime pas sortir, on a passé la soirée à faire un concours de pets... Le mec qui pète avec moi le soir de Noël à Mexico, c'est un ami, un vrai ! »

La lune de miel des nouveaux amoureux ne dure pourtant que quelques mois. Dès janvier 1968, Françoise reprend la ronde infernale de la promotion, d'autant qu'elle est désormais sa propre productrice. Elle enchaîne des émissions de télévision en Belgique, en Suisse, en Espagne, en Autriche, puis s'envole pour Montréal. Ensuite, une tournée des universités en Angleterre, où elle se produit devant des salles contenant entre 1000 et 3500 spectateurs. En mars, toujours accompagnée par Jean-Pierre Sabar et son orchestre, elle se produit en Afrique du Sud, puis à Kinshasa en mai 1968. Après ce dernier gala, son manager et elle décident de faire une longue pause, afin qu'elle se concentre davantage sur les enregistrements. En fait, Françoise a pris la décision de ne plus jamais remonter sur scène.

« J'ai arrêté les tournées parce que ce n'était pas vraiment mon truc et qu'au début d'une histoire d'amour on ne tient pas à être perpétuellement par monts et par vaux. La scène m'avait déjà coûté une première rupture, je ne voulais pas que cela se reproduise. Et puis, j'avais tellement le trac, tellement peur des trous de mémoire, que ces angoisses prenaient le dessus sur le reste. Depuis 1968, la scène ne m'a jamais manqué et il n'est pas question que j'y retourne un jour. Pendant des années, il m'est arrivé de faire des cauchemars affreux où je devais chanter en public sans avoir répété et en ayant oublié les textes de mes chansons... »

Pourtant, Jacques Dutronc avait fait le déplacement à Londres : « Françoise, je n'ai jamais pu écouter ses disques, c'est quand même un peu gênant. Ses chansons me filent un bourdon terrible. La moindre chanson, boum, cafard noir. Au Savoy, je me faisais mettre à la porte sans arrêt, je leur disais : "Je voudrais voir Françoise Hardy" et je me faisais raccompagner, enfin soulever par des espèces de bûcherons en queue-de-pie... J'ai quand même réussi à voir son spectacle. C'était pas mal. Les Anglais aimaient ça, en tout cas. En principe, ce sont des gens de goût... »

Lors d'une soirée de gala à Paris, quelques semaines plus tard, Françoise porte, pour Paco Rabanne, « la robe la plus chère du monde », soit 12 millions de francs de l'époque : une mini aux 9 kilos d'or (1000 plaquettes et 5000 anneaux) et 300 carats de diamants... Mais c'est d'autres bijoux que lui offre bientôt Serge Gainsbourg : en plus de *L'Anamour*, un titre inspiré par sa récente rupture avec Bardot, il écrit sur une musique proposée par Françoise les paroles de *Comment te dire adieu ?* :

*Sous aucun prétex-*
*te je ne veux*
*Devant toi surex-*
*poser mes yeux*
*Derrière un Kleenex*
*Je saurai mieux*
*Comment te dire adieu*

« Pas de fumée sans feu
Ni fumée sans feu dans les yeux »

Cet énorme succès de la rentrée 1968 donne son titre à un album dont la pochette est dessinée par un débutant, Jean-Paul Goude. On y trouve *A quoi ça sert ?*, une chanson mélancolique où l'on peut deviner les premières absences de son nouvel amoureux.

Très vite, en effet, Jacques disparaît. « L'enfer a duré des années, j'ai voulu rompre plusieurs fois », confie celle qui, la même année, inspire à Guy Peellaert l'héroïne de la bande dessinée *Pravda la survireuse*. Sur une musique d'Hugues de Courson, *Etonnez-moi Benoît... !*, l'autre succès de cet album signé, pour les paroles, par l'écrivain Patrick Modiano, contraste par sa gaieté avec le spleen de *C'est lui qui dort* :

*De moi à lui j'ai fait le pas*
*Où en est-il, de lui à moi ?*
*Se prête-t-il, ne se donne-t-il pas ?*
*C'est lui qui dort mais c'est moi qui rêve*

Françoise s'envole ensuite pour le Brésil où elle est membre du jury du troisième Festival international de la chanson de Rio. Dès que ses obligations professionnelles sont terminées, elle s'enferme dans sa chambre d'hôtel et se délecte des voyages immobiles que lui procurent les livres emportés dans ses valises. En Corse, trente ans plus tard, même scénario : elle bronze à peine. Isolée dans sa chambre, elle dévore les livres de ses écrivains japonais favoris... En novembre 1968, Françoise fait à nouveau la couverture de *Salut les Copains*. Parmi les reportages qui lui sont consacrés, une rencontre avec Salvador Dali, avec qui elle déguste « pour la première et la dernière fois » des ortolans tout en buvant le bordeaux favori du maître de Cadaquès, le somptueux château Ausone.

Françoise, qui habite désormais au 10 rue Saint-Louis-en-l'Ile, publie encore quelques disques au cours des dix-huit mois qui suivent, mais sa carrière semble passer au second plan. On trouve pourtant de jolies réussites (*Des bottes rouges de Russie*, *Traüme*, qui deviendra le générique

## « La glace renvoie ma bonne mine je me pince un peu les joues ça manque de vitamines »

du film *Gouttes d'eau sur pierres brû-lantes* de François Ozon dans les années 90), des chansons tristes (*L'Heure bleue* : « C'est l'heure de l'attente quand on est amoureux / Attendre celui qu'on aime, il n'y a rien de mieux ») et, pour le marché anglais, un album de standards de la pop intitulé « One Nine Seven Zero ». Elle met de l'ordre dans ses affaires : le label Asparagus est mis en sommeil au profit d'une nouvelle société de production baptisée Hypo-potam et financée par le distributeur Sonopresse. Cette nouvelle aventure va durer de 1969 à 1972.

C'est à la sortie de son onzième album, baptisé « Point » par ses fans, le titre de la première chanson, que son parcours artistique prend un nouvel essor. Rien à jeter parmi les douze titres pour lesquels elle a choisi les meilleurs arrangeurs : le fidèle Jean-Pierre Sabar, Micky Jones et Tommy Brown, empruntés à Johnny, ou encore Jean-Claude Vannier. On remarque la présence d'Étienne Roda-Gil (révélé aux côtés de Julien Clerc deux ans plus tôt) pour *Le Crabe*, sur une mélodie efficace de Bernard Estardy, et

# « A quoi ça sert de rester seul ?
# à quoi ça sert de vivre seul ? »

l'écrivain Patrick Modiano pour *Je fais des puzzles* et *San Salvador*, agréable mise en paroles des *Jeux interdits*. Les chansons les plus personnelles sont bien sûr celles dont elle signe seule les paroles et qui sont comme un journal de bord de son histoire d'amour avec Dutronc, toujours aussi chaotique. Françoise ne passe-t-elle pas l'été 1970 à pleurer en écoutant *Bridges Over Troubled Water* de Simon et Garfunkel ? « J'allais à nouveau très, très mal, confie-t-elle : Jacques me fixait des rendez-vous toutes les trois semaines, auxquels il ne venait pas... »

*Point*
*Pour faire le point*
*J'essaie de l'in-*
*terroger plus ou moins*
*C'est en vain*
*De point en point*
*Je tourne en rond*
*Point d'interrogation*

En filigrane de *Fleur de Lune*, on devine des réminiscences de *La Dame au blanc visage*, le conte qui l'avait tant bouleversée dans son enfance :

*Suis-je l'étoile ou l'algue*
*Suis-je le faux-semblant*
*Viens t'enrouler dans mes vagues*
*Elles ont comme un goût de sang*

*Tu ressembles à tous ceux qui ont eu du chagrin* est l'une des chansons les plus émouvantes de cet album. Françoise en proposera une nouvelle version trente ans plus tard sur l'album « Clair-Obscur ». « Elle est née de ma rencontre avec Jacques quand je fantasmais sur lui. Je trouvais qu'il avait par moments une sorte de dureté, qu'accentuait son regard d'un bleu presque blanc. »

Le renouveau artistique se poursuit en 1971 à la sortie de son douzième 33 tours. Échec commercial cuisant, il est le préféré de Françoise, d'autant qu'il est le fruit de son amitié avec la chanteuse brésilienne Tuca, qui en compose la plupart des musiques et en assure la production. On y trouve des choses étranges, comme une chanson érotique sans paroles (*Chanson d'O*) et une plage instrumentale (*Rêve*), avec chœurs, s'achevant sur un couplet parlé :

## « Tu m'émerveilles
## Comme un rêve
## Qui s'est enfin réalisé
## Et tu me fais mal
## Comme un rêve
## Dont il va falloir m'éveiller »

« Cet album était vraiment, vraiment bien », confirme Dutronc. Françoise avait fait la connaissance de Tuca grâce à Léna, son amie brésilienne rencontrée au Festival international de la chanson de Rio. Inséparables, les trois amies sortent et picolent pas mal : « C'était une époque où je ne voyais pas Jacques autant que je l'aurais souhaité (...). Léna, Tuca et moi, on se consolait mutuellement. Tuca était amoureuse sans espoir de Léa Massari, Léna n'avait personne, on avait donc toutes les raisons de s'éclater et on s'éclatait bien ! » confiait-elle en 1986 à Étienne Daho.

Parmi les grandes réussites de cet album culte citons *Même sous la pluie*, *Mer* chanson suicidaire et cordes superbes (Catherine Lara), et *La Question*, qui donne le ton :

*Je ne sais pas pourquoi je reste*
*Dans un air qui m'étouffera*
*Tu es le sang de ma blessure*
*Tu es le feu de ma brûlure*
*Tu es ma question sans réponse*
*Mon cri muet et mon silence*

# « En ce moment, tu vois, je n'ai plus goût à rien »

L'année 1971 s'achève sur un 45 tours lui aussi voué à l'échec. En duo avec Patrick Dewaere et avec Jacques Higelin à la guitare, elle interprète *T'es pas poli*, une chanson que le comédien a créée sur la scène du Café de la Gare.

« Ensuite, je suis allée enregistrer en Angleterre, un album beaucoup plus rock et bluesy, dont j'avais composé presque tous les titres. J'étais très fière du résultat et le disque n'a pas mieux marché que le précédent. » Ce treizième 33 tours sera rebaptisé « L'Éclairage », puis « Et si je m'en vais avant toi », lors d'une réédition.

*Et si je m'en vais avant toi*
*Dis-toi bien que je serai là*
*J'épouserai la pluie, le vent*
*Le soleil, les éléments*
*Pour te caresser tout le temps*

La pochette (orange) est naturellement signée Jean-Marie Périer. Et, même si les chansons de Françoise lui filent le bourdon, Dutronc compose la musique de... *Cafard*. Indifférente au monde qui l'entoure, perdue dans ses rêves d'amour absolu, Françoise demande *Pardon* :

*Chez lui il ne fait pas très clair*
*Plus d'une fois je perds*
*La tête*
*A force de me cogner*
*La tête*
*A force de le chercher*

Les problèmes de communication avec l'homme de sa vie continuent de la tarauder. Dans *Bruit de fond*, elle constate :

*Et je parle et je parle*

*Mais lorsque vient son tour*

*Ou bien il ne dit rien*

*Ou répond à côté*

*Et il est mon mur de pierre*

*Et je suis son bruit de fond*

Mais les paroles de *Quand mon amour va prendre l'air* montrent que Françoise semble avoir acquis une nouvelle sagesse face à l'objet de ses tourments :

*Quand mon amour va prendre l'air*

*C'est aussi pour changer le mien*

*Il ne voudrait pas m'asphyxier*

A moins qu'elle se soit résignée, comme le sous-entend le second couplet :

*Quand mon amour va prendre l'air*

*C'est aussi pour*

*Changer le sien*

*Je ne voudrais pas l'asphyxier*

*Mais je sais*

*Qu'à sans cesse vouloir en changer*

*On ne sait*

*Plus l'air*

*Qui vous va*

*Et sans rien dire, je reste là*

# « Soleil d'hiver ou d'été
# il voit les amours passer et les chagrins »

Avec le même arrangeur anglais, Tony Cox, Françoise enregistre dans le même temps l'album
« If You Listen », un mélange de titres récents et de chansons choisies dans le répertoire
folk-rock anglo-saxon. Réservé au marché britannique, collector recherché jusqu'à sa réédition
en 2000, on y trouve des titres de Beverley Martyn (la femme du chanteur John Martyn avec
qui elle enregistre à l'époque en duo), de l'Américaine d'origine indienne Buffy Sainte-Marie,
de Randy Newman (*I Think It's Gonna Rain Today*) et de Neil Young (*Till The Morning Comes*).
Il ne manque qu'une chanson du suicidaire Nick Drake, que Françoise rencontre à l'époque
où il publie son chef-d'œuvre, *Pink Moon*, pour que le spleen soit total...

Après l'échec commercial de ses trois derniers albums, Françoise, qui ne fait plus de scène depuis
quatre ans déjà, a plus ou moins disparu des médias. En cette année 1972, les stars de la
variété se nomment Mike Brant, C. Jérôme, Stone et Charden, Michel Sardou et Ringo
Willy-Cat. Une chanteuse, aussi, est révélée, dont le style ne doit rien à personne. *Besoin de
personne* est d'ailleurs le titre du premier hit de Véronique Sanson, produit par son fiancé
Michel Berger. Françoise est fan : « Le premier album de Véronique m'a complètement bouleversée. Il faisait prendre un coup de vieux à toutes les chanteuses qui l'avaient précédée,
moi la première ! Michel Berger avait également sorti un album sous son nom, dont j'adorais
toutes les chansons. Jean-Marie est intervenu pour me le faire rencontrer. Il a accepté de

# « Le ventre de la mer
vous garde pour vous jeter
dans un monde desséché »

produire mon prochain album ct d'en écrire et composer deux titres. Quand il est venu chez
moi me jouer au piano *Message personnel*, j'ai su tout de suite que cette mélodie avait le petit
grain de magie qui fait la différence... Michel avait écrit les couplets et les refrains et m'avait
demandé d'écrire toute la partie parlée de l'introduction. Ensuite s'est posée la question du
titre. Je n'ai pensé qu'à cela pendant trois jours et trois nuits et subitement l'expression
*Message personnel* m'est venue à l'esprit. »

*Je suis seule à crever*

*Et je sais où vous êtes*

*J'arrive, attendez-moi*

*Nous allons nous connaître*

*Préparez votre temps*

*Pour vous j'ai tout le mien*

Énorme succès radiophonique de l'automne 1973, *Message personnel* permet à Françoise
d'effectuer un come-back éclatant. Mais au lieu de l'album dont elle rêvait peut-être — entre-
temps, il a rencontré France Gall —, Berger ne lui a écrit que quatre chansons : outre *Message
personnel* et sa face B, *Première rencontre*, *Je suis moi* et *Demain c'est hier*, un titre mineur.

L'année 1973 est marquée par un événement bien plus important que le classement d'un disque
au hit-parade : le 16 juin naît Thomas Dutronc, l'enfant d'une drôle histoire d'amour. « Nous
avons fait quelques duos, Françoise et moi, mais je crois que Thomas, c'est notre meilleure

composition. Comme pour tout le monde, sa naissance fut le plus beau jour de ma vie... Françoise est partie à l'Hôpital américain pour accoucher, moi j'ai commencé à fêter ça et je me suis pointé un peu en retard... Quand je suis arrivé, on m'a montré une espèce d'aquarium contenant une cinquantaine de machins violets. Alors j'ai demandé, c'est lequel ? Ils m'ont dit, c'est celui-là. J'ai dit, je peux pas le prendre, celui-là, il est trop fripé... Donnez-moi plutôt cet autre, là, il m'a l'air mieux. Ah non, c'est pas possible, ils m'ont répondu. Celui-là, c'est le vôtre, c'est écrit, "Baby Boy Dutronc". Ça m'a fait un effet bizarre. Avoir un enfant, c'est un peu comme un foie ou un autre organe qui se balade comme ça, en liberté... »

Se remettant dans le même hôpital de sa crise cardiaque, Serge Gainsbourg envoie à Françoise un petit mot tendre : « S'il est timide, ce sera un petit Thomas à la tomate. » Quant à la jeune maman de 29 ans, elle est sur un nuage : « J'ai toujours eu cette conscience aiguë de l'importance pour un enfant qu'il soit désiré. Quand j'ai su que c'était un garçon et qu'en plus il était normal, parce que, évidemment, avec mon caractère anxieux j'avais imaginé le pire, ce fut vraiment le plus beau jour de ma vie. »

## « En bref, si nous avions été tout autres nous ne nous serions sans doute pas aimés »

Pendant près d'un an, Françoise va s'occuper seule de ce bébé qu'elle a tant attendu, dans son petit appartement de l'île Saint-Louis. Elle réussit pourtant à convaincre Jacques qu'il est temps de trouver un toit pour eux trois. Au bout de quatre mois de recherches, elle découvre dans le 14e arrondissement la maison idéale, avec un petit jardin et assez d'espace pour éviter une promiscuité qu'ils redoutent autant l'un que l'autre. Ils vont y vivre vingt-cinq ans, de 1974 à 1999.

Fin 1973 est publié son quinzième album, portant le titre de son dernier succès, *Message personnel*. Moins inspiré que pour *Comment te dire adieu ?*, Gainsbourg écrit les paroles de *L'Amour en privé* sur une musique de Jean-Claude Vannier.

Cependant, l'arrivée d'un enfant, pas plus que l'installation sous un même toit n'ont changé grand-chose dans le comportement de Dutronc, toujours aussi difficile d'accès. Il a troqué

récemment sa carrière de chanteur contre celle d'acteur, sur les encouragements de Jean-Marie Périer qui l'a fait tourner dans son premier film, *Antoine et Sébastien*. En 1974, il est l'interprète magnifique de *L'important c'est d'aimer* d'Andrezj Zulawski, aux côtés de Romy Schneider. La rumeur d'une liaison avec une actrice fameuse vient aux oreilles de Françoise. « Je n'y croyais pas. Je n'ai su que plus tard que c'était vrai. Aujourd'hui, je me dis que j'ai été bête de tant souffrir ! »

« La jalousie, ça fait chier, se défend mollement Dutronc, parce que ça supprime les bons moments et n'en provoque que de mauvais. En plus, à force d'avoir quelqu'un de jaloux en face de soi, on le devient ! Il y a le petit jeu des vengeances... C'est comme ça qu'un soir je me suis vengé avec un mec, je me suis croqué Richard Anthony, j'ai dit tant pis, j'y vais... Non, je déconne, mais je sais que je lui ai joué quelques mauvais tours de passe-passe... Je lui donnais rendez-vous un mardi, mettons le 26 juin, et je n'arrivais qu'au mois de septembre... *Mea culpa*... C'est tellement plus sympathique de boire un verre entre amis lorsque l'on sait qu'on est attendu. »

A ces écarts, Françoise répond en 1974 en publiant un album en forme de mise en garde intitulé « Entracte ». « J'ai cogité tout un disque dans l'espoir de l'inquiéter. J'y racontais l'aventure d'un soir d'une femme qui se sent délaissée et espère raviver ainsi l'amour de l'autre. En faisant cela, c'est à moi que je faisais du mal parce qu'en amour ce n'est jamais l'autre qui fait souffrir, on se fait du mal soi-même... Mes chansons sont toujours sorties de cette espèce de douleur, de frustration, d'aspiration fusionnelle... Je crois qu'il n'a jamais écouté cet album, mais ce n'est pas très important : une fois que les chansons sont en boîte, on s'est libéré d'un poids, avec sa souffrance on a tenté de faire quelque chose de joli et d'émouvant... »

Produit par Hugues de Courson, arrangé par Del Newman, l'orchestrateur attitré d'Elton John, avec le concours de Catherine Lara, ce seizième album contient exclusivement des messages personnels du calibre d'*Il y a eu des nuits* :

## « Il y a eu des nuits
## Où je mourais de toi
## Comme on meurt de faim »

« J'ai finalement compris que dans une relation tout est circulaire : l'attitude de l'un provoque celle de l'autre... Il est très difficile de sortir de ce cercle vicieux, le simple fait d'en prendre conscience prend déjà énormément de temps. Ce que l'on croit être de l'abnégation n'est le plus souvent qu'une demande déguisée d'amour consistant à donner pour recevoir et basée sur des sentiments plus ou moins inconscients d'infériorité et de culpabilité. Plus l'autre

perçoit la demande que cache l'abnégation, plus celui qui joue cette carte-là tend sans le savoir le bâton pour se faire battre... J'étais entièrement suspendue à l'autre. J'ai fini par comprendre que cette attitude n'est pas de l'amour, on croit qu'on vit en fonction de l'autre, mais en fait c'est pour calmer son besoin à soi, sa propre avidité. Quand j'ai rencontré l'amour, je me suis aperçue que je ne pouvais aimer que d'une manière assez folle, trop absolue... »

Sur une musique de Jean-Pierre Castelain, *Et voilà* synthétise les sentiments contradictoires qu'une personne trompée peut éprouver après l'aveu d'une infidélité :

*On est sur nos gardes je crois*

*Je ne sais pas, je suis déçue*

*C'est tellement difficile tout ça*

*La glace n'est pas encore rompue*

Au cours des deux années suivantes, Françoise se consacre à Thomas, à Jacques et à l'astrologie. La chanson est nettement passée au second plan : elle se contente de publier deux 45 tours, « Que vas-tu faire ? », en 1975, sous la direction de Jean-Michel Jarre, et « Femme parmi les femmes » de Pierre Barouh et Francis Lai l'année suivante. Cette dernière chanson accompagne le film *Si c'était à refaire* de Claude Lelouch, qui a fait tourner Dutronc un an plus tôt. « En tant qu'acteur, dit Françoise, je perçois Jacques comme quelqu'un d'extrêmement perméable à tout ce qui se passe, même s'il a l'air imperturbable. Je l'ai trouvé parfois excessif dans *L'important c'est d'aimer*, un film génial, mais Jacques m'a confié que Zulawski l'avait poussé à faire des choses qui ne lui étaient pas naturelles. Il était formidable dans *Sale rêveur* de Jean-Marie Périer. Je l'ai beaucoup aimé dans *Le Bon et les méchants* de Lelouch, quelqu'un qui laisse improviser ses acteurs. Mais quand je l'ai vu à l'écran dire les mots, avoir les attitudes qui d'habitude ne sortaient pas du cadre de notre vie privée, j'ai été tellement perturbée que je suis restée pas mal d'années sans aller voir ses films. »

En 1977, Françoise va tomber sous l'emprise – artistique – d'un homme de grand talent, mais aussi d'une grande exigence... et quelque peu machiavélique. Avec lui, elle va travailler cinq années durant et enregistrer quelques-unes de ses chansons les plus curieuses, dont certaines franchement ratées. Paradoxalement, cela va relancer son statut iconique auprès d'une nouvelle génération. Son nom : Gabriel Yared.

# « Quelquefois, je me promène, j'attends, je traîne ou je retourne chez moi »

# Clair-obscur

S on dernier succès, *Message personnel*, date de 1973. Pourtant, Pathé-Marconi lui propose un nouveau contrat, qui va donner lieu, en 1977, à un album intitulé « Star ». Rien n'aurait été possible sans Gabriel Yared, un directeur artistique de renom et de formation classique. Né au Liban, il connaissait les chansons de Françoise depuis sa tendre enfance et était tombé amoureux, comme tant d'autres, de son image.

« Quand j'ai rencontré Gabriel, se souvient Françoise, j'ai été aussitôt frappée par ce qu'il dégageait, quelque chose de très fort et, en même temps, d'assez sombre. Il devait orchestrer pour moi une chanson de Michel Jonasz, puis le projet est tombé à l'eau, jusqu'à ce qu'il me rappelle pour me proposer l'enregistrement de tout un album. J'étais très impressionnée de travailler sous sa direction, mais assez vite nos rapports sont devenus des rapports de force, un peu comme avec Michel Berger. Or ce n'est pas ainsi que je fonctionne et je ne le vis pas bien. Pour avoir le privilège d'interpréter certaines perles comme *Nous deux, nous deux et rien d'autre, L'Impasse, Flash Back, Que tu m'enterres, Si c'est vraiment, vraiment vrai*, etc., j'ai dû chanter des chansons qui ne me plaisaient pas du tout comme *Swing au pressing, Jazzy Retro Satanas*, etc. Avec le recul, je pense que c'est moi qui avais raison... »

« Je me souviendrai toujours, raconte Yared, de cette séance où j'avais fait de très belles cordes sur *L'Impasse*. J'y avais passé du temps, mais elle n'a pas dit un mot. Puis, en écoutant le résultat final, elle m'a déclaré que mon arrangement était affreux, ce qui m'a ébranlé. » Françoise reconnaît qu'elle a eu tort de réagir de la sorte. « Mais j'étais tellement marquée par les productions de Michel Berger que je ne concevais les cordes que sous la forme de nappes très simples, et celles de Gabriel m'avaient semblé trop compliquées... »

*C'est bien un enfer*
*C'est bien une impasse*
*Chaque fois*
*Que je te perds*
*En allant chercher ta trace*
*Dans tes longs, désespérants silences de glace*

Salué dans la presse comme l'album du come-back, ce 33 tours, son dix-septième, contient dix chansons. *Star*, qui lui donne son titre, est l'adaptation d'une chanson de la New-Yorkaise Janis Ian. Gainsbourg, peu inspiré, lui balance *Enregistrement*, et Michel Jonasz se taille la part du lion : en plus de *A Vannes* (dont elle déplore le texte, qui commence par « Donne-moi un taf de ton truc mataf »), il signe entre autres *Occupé, Ton enfance* et *Nous deux et rien d'autre*. Au

# « Blottis dans un brouillard (…) mes jours sont des dimanches »

lieu de « réalisation artistique », Yared est crédité, à la demande de l'interprète, de « réalisation tyrannique ». Ce dernier explique que s'il avait adopté cette attitude directive, c'était pour ne pas succomber à son charme, à l'émotion qu'il ressentait en face d'elle.

Gabriel, épaulé par Jonasz, peut se montrer pervers comme lorsqu'il lui propose, en 1978, une chanson à l'exact opposé de son style et de son caractère, *J'écoute de la musique saoule*. Elle va pourtant séduire les programmateurs radio. Pire encore, sur l'album « Musique saoule » figure l'épouvantable *Swing au pressing*, dont Dutronc se plaît à dire, pour le plaisir de l'agacer, qu'elle est sa chanson préférée. Françoise se console en écrivant les paroles de *Perdu d'avance* tandis que Jonasz et Yared se font pardonner en leur offrant à tous deux *Brouillard dans la rue Corvisart*, un joli duo Dutronc-Hardy.

Tout en poursuivant ses études de graphologie et d'astrologie, Françoise collabore dès 1979 à plusieurs magazines spécialisés dans ces domaines et publie un premier livre sur le signe de la Vierge. L'année suivante, toujours sous la houlette de Yared, « Gin Tonic » est l'album d'une trentenaire sexy. La photo de la pochette est un pied-de-nez à sa supposée froideur, puisqu'elle pose, les yeux très noirs, dans un frigidaire. « Je déteste cette photo », précise Françoise. *Jazzy retro Satanas* et *Juke Box* sont les deux (petits) tubes radio de cet album et rééditent les pires travers de « Musique saoule » : le premier fait référence à « Une jazzwoman entre deux âges / Qui rêve de monter sur le ring », le second à Stevie Wonder. L'ensemble est d'une légèreté qui confine au vide sidéral… Sur ce troisième et dernier 33 tours pour Pathé, on remarque un titre de Jean-Claude Vannier et trois autres signés Alain Goldstein, un ancien complice de Jonasz. Michel, lui, signe le romantique et mortifère *Que tu m'enterres*, sur une superbe mélodie de Gabriel. Quant à Françoise, elle se contente des paroles d'un seul titre, *Gin Tonic*, qui semble évoquer une rencontre dans le bar d'un hôtel cosmopolite.

Virtuellement absente de cet album, sinon par la voix, Françoise signe quelques mois plus tard chez Flarenasch. Mais elle a beaucoup de mal à imposer à Yared la chanson choisie pour le premier single, le léger *Tamalou*, sur une musique simple mais efficace de Pierre Groscolas. Elle va pourtant devenir un gros succès. En face B, on trouve le mélancolique *Vert ouvert*, sur les silences dutroniens :

*Couvert*

*A mots couverts*

*Tu parles et tu glisses*

*Enfer*

*De tes mystères*

*De mes éclipses*

L'année s'achève sur la sortie d'un nouvel album de Jacques, délicatement intitulé « Guerre et pets », avec plusieurs chansons écrites par Gainsbourg. A cette occasion, il est l'invité à

Huit jours après son mariage, Françoise publie son vingtième album, à nouveau produit par Gabriel Yared. Plus de Jonasz à l'horizon, elle retrouve le plaisir d'écrire, à quelques exceptions près (deux titres écrits et composés par Jean-Claude Vannier, un autre d'Étienne Roda-Gil). Sur une musique de Louis Chédid, elle écrit *Voyou, voyou*. Avec Groscolas, il est question d'une *Coupure de courant* :

## « Trop de sons qui détonent
## Trop de sirènes
## Trop de cris et de larmes
## On ne s'entend plus
## Et toi toujours aphone
## Ou mes antennes
## Qui tombent toujours en panne »

Au printemps 1982, avec vingt ans de carrière au compteur, Françoise s'offre un petit tube surprise avec *Tirez pas sur l'ambulance*, sur des paroles de Carole Coudray et une musique funkoïde de Gabriel Yared, qui produit pour elle son cinquième et dernier album, « Quelqu'un qui s'en va ». La photo de pochette, signée Gainsbourg (dont elle reprend *Ces petits riens*), nous fait découvrir son nouveau look, à deux ans de la quarantaine. « Tout d'un coup, elle a abandonné le glamour, note Étienne Daho. Elle a opté pour les cheveux courts, grisonnants, des tenues austères, des vestes et des jeans gris anthracite. A l'instar de Gainsbourg, de Birkin ou de Dutronc, c'est devenu un look pour la vie, immédiatement identifiable. Dans les années 80, elle est devenue une espèce d'androgyne superbe, qui ne bouge plus. » « Je n'ai pas de complexe par rapport à l'androgynie, rétorque Françoise. Au contraire, je trouve que c'est un atout. Quant au lifting, il me suffit de voir la tête de certaines actrices ou chanteuses qui y ont eu recours pour préférer vieillir sans ! »
De ce nouvel album, Françoise n'écrit que quelques textes, mais reçoit un beau cadeau d'Alain Souchon, *C'est bien moi*, une chanson tendre et triste :

*J'voudrais qu'i'm caresse*

*Et i'm'caresse pas*

*J'veux qu'i'm'dise qu'i m'aime*

*Et il me l'dit pas*

*Ça m'rend malheureuse*

*Ces différences-là*

*C'est bien moi d'aimer*

*C'garçon qui m'aime pas*

« J'ai fait cette chanson, sans bien m'y connaître, sur le couple qu'elle forme avec Jacques. C'est des gens que j'adore tous les deux, alors dans ma chanson, j'ai fait comme s'il était assez nonchalant et qu'il se foutait un peu d'elle, parce qu'il se donne cet air-là, l'air de se foutre de tout. » A Gainsbourg, quelques années plus tôt, elle avait refusé *L'Aquoiboniste*, également inspiré par son bonhomme (« C'est un aquoiboniste / Un faiseur de plaisantristes / Qui dit toujours à quoi bon / A quoi bon »). « Le sex-appeal de Françoise est sous-jacent, déclarait Gainsbourg en 1986 à Étienne Daho. Elle a un très beau regard et une gestuelle magnifique, extrêmement rare : elle est sophistiquée malgré elle (...). Par rapport au show-biz, sa démarche a parfois été trop élitiste, ce qui est une preuve de rigueur, mais qui implique aussi une overdose de naïveté. »

Entre-temps, Françoise est devenue l'astrologue attitrée de Radio Monte-Carlo : en plus d'un horoscope quotidien de trois minutes, elle anime une émission d'une heure, « Entre les lignes, entre les signes », tous les samedis matin. L'émission confronte l'approche astrologique de Françoise et celle, graphologique, d'Anne-Marie Simond. Les interviews les plus intéressantes réalisées à cette occasion seront réunies plus tard dans un livre portant le même titre. A la télé, le couple Hardy-Dutronc fait de la pub pour la CX. Ultime collaboration avec Gabriel Yared, Françoise chante le générique de *La Lune dans le caniveau*, le film de Jean-Jacques Beineix dont il a composé la musique.


# « Mes pensées sont des bulles tout de suite éclatées »


Jacques et Françoise dînent régulièrement, à l'époque, avec Louis et Marianne Chédid. Chédid en vient tout naturellement à proposer à Françoise une mélodie pour laquelle elle a un coup de foudre et sur laquelle elle écrit un texte. Ce sera *Moi vouloir toi*, que produira Louis et qui obtiendra un joli succès en radio, en 1983 :

*Pour décoller d'la planète*
*Et s'envoler à perpète*
*J'ai la meilleure des recettes :*
*Moi vouloir toi*
*Sans bas ni haut*
*Sans haut ni bas*

Au milieu des années 80, elle croise un talentueux mélodiste qui deviendra au fil des ans son « frère adoptif ». « Ma rencontre avec Jean-Noël Chaléat fut extrêmement importante et très curieuse. J'avais emmené Thomas chez un coiffeur qui me demande tout à trac : "Comment se fait-il que l'on ne vous entende plus chanter ? ". Je lui explique alors la difficulté de trouver de bonnes mélodies. Il me rétorque qu'il connaît un compositeur qui n'a pas d'interprète et qu'il me l'envoie. Le lendemain, je rencontrais Jean-Noël. Il m'a apporté deux musiques, dont celle de *VIP*, qui m'a immédiatement séduite. Il m'a donné envie de refaire un disque. »

Agréable chanson d'amour où l'être aimé est traité comme un *VIP*, le titre ne dépasse pas le niveau du hit radiophonique. En face B, on devine à qui s'adresse *Jamais synchrones* :

*Jamais synchrones*
*Court-circuit, étincelles*
*Ça cacophone, ça*
*cogne et ça s'emmêle*

# « Vous êtes comme moi, et moi je vous ressemble »

C'est encore en 1986 que Jérôme Soligny et Étienne Daho publient *Françoise Hardy superstar et ermite* aux éditions Grancher. « Je ne me reconnais pas dans le terme "superstar", précise Françoise. C'est trop extérieur à moi, j'ai du mal à l'évaluer, encore plus à en parler. Ermite, par contre, je m'y reconnais assez. Il y a dans la solitude une liberté fantastique pour quelqu'un qui, comme moi, a toujours besoin de lire, d'écouter des disques, de regarder des films ou d'écrire. Quant à Étienne... je suis très vite devenue fan de mon fan : notre relation est donc très équilibrée. »

Hormis des rééditions en CD et une compilation de ses plus grands succès, les deux années qui suivent la voient à nouveau retirée du monde. Dutronc, qui entre-temps est devenu encore plus alcoolique que Gainsbarre, a le courage d'arrêter de boire. Une période douloureuse pour sa femme. « C'était difficile avant, lorsque son agressivité se déchaînait contre son entourage. Mais quand il ne boit plus, il est totalement sinistre et retourne son agressivité contre lui, ce qui est presque pire. »

Chamboulée, Françoise pète un fusible lors d'une interview, en 1988, au lendemain de l'élection présidentielle où Mitterrand est réélu. Des déclarations maladroites lui valent d'être « traitée de lepéniste et d'antisémite ». Le chanteur Renaud, lors d'un dîner, l'agresse verbalement, puis continue par voie de presse, tout comme son frère Thierry Séchan. L'objet du délit ? « Ces journalistes étaient venus parler de mon nouvel album (« Décalages ») mais, vu les circonstances, la conversation a dérivé sur la politique et nous avons parlé à bâtons rompus, sans que j'imagine une seconde que mes propos figureraient dans l'article, destiné à une revue musicale. Si j'avais su qu'ils seraient publiés, étant donné les déformations systématiques qu'en font les journalistes, j'aurais demandé à les vérifier, d'autant que je n'accepte jamais de parler de politique. Toujours est-il que mon goût pour la provocation m'a poussée à dire que quand bien même je ne voterais jamais pour Le Pen, on ne pouvait pas rejeter en bloc tout ce qu'il racontait. » Il n'en fallait pas davantage : les propos de Françoise se retrouvent « déformés puis colportés avec un acharnement qui me stupéfie. Au terme de ce mini-scandale, je me suis sentie salie et détruite. »

En 2000, sur l'album « Clair-Obscur », *Duck's Blues,* la chanson du vilain petit canard (*duck*) qui se traîne des casseroles s'inspire de ce pénible incident : « Avec des idées toutes faites / On coupe le monde en deux / Pour mieux pouvoir mettre en miettes / Qui on veut, comme on veut ». A cette occasion, elle s'est justifiée : « Je n'ai aucune formation ni aucune conviction politique. Je suis quelqu'un d'assez maladroit et, en 1988, j'étais agacée par le discours consensuel des bien-pensants. Je regrette de m'être si mal exprimée, et encore plus d'avoir été si mal interprétée. »

Autre déclaration fracassante à la sortie de « Décalages », son vingt-troisième album, Françoise annonce qu'il s'agit de son « dernier disque ». Mécontente du travail de production

« T'as toujours été
Un séducteur
Pardonne ma faiblesse
J'peux pas résister
J'ai des vapeurs (...)
Si tu m'donnes le droit
J'fais un malheur
Du style attentat
A la pudeur »

Les fantasmes de Françoise, grande admiratrice d'*Histoire d'O* et de *9 semaines et demie* (« Je me suis complètement identifiée à Kim Basinger »), sont un sujet d'interrogation pour ses fans. Tendances sado-maso, envie de passivité amoureuse, d'être choisie et prise sans qu'un seul mot soit échangé ? « Ce qui m'a bouleversée dans *Histoire d'O*, explique Françoise, c'est la possibilité pour l'héroïne d'avoir accès au domaine a priori interdit des fantasmes sexuels masculins. Beaucoup d'hommes restent prisonniers du schéma maman-putain, alors que beaucoup de femmes rêvent d'être à la fois maman et putain pour celui qu'elles aiment... »

« Quand j'étais jeune, un astrologue m'avait parlé de mon masochisme et je n'avais pas compris ce qu'il avait voulu me dire. Avec le temps, j'ai réalisé que je me suis un peu trop souvent mise dans des situations de frustration, mais je crois que j'ai eu, avant tout, un besoin d'intensité qui était satisfait par les états de désir. Or, pour qu'il y ait désir, il faut une certaine distance de la part de l'autre. »

Son souhait d'abandonner la chanson, à 44 ans, était sincère. « J'ai toujours pensé qu'à partir d'un certain âge, ce serait un peu ridicule de continuer à pousser mes chansonnettes sentimentales, en ressassant toujours les mêmes thèmes. Et puis, tout devenait de plus en plus difficile : se battre pour passer à la radio, faire des play-back à la télé, ce que je déteste par-dessus tout... Alors, je me suis dit qu'il valait mieux que j'arrête, que j'écrive pour d'autres chanteurs. »

Jean-Noël Chaléat lui demande de poser des paroles sur une musique qu'il a composée en pensant à Johnny. Ce sera *Thanatos*, mais il faudra presque une année avant que Johnny réponde – par la négative. En revanche, pour Julien Clerc, qui lui en propose la mélodie, elle écrit *Fais-moi une place*, une chanson de spleen et de désarroi.

Peu après la sortie de « Décalages », Françoise plonge dans une profonde dépression qui va durer plus de deux ans. Comme toujours, elle lance des fusées de détresse, comme elle l'avait déjà fait avec *Une miss s'immisce* :

*Une miss*
*S'immisce*
*Subreptice-*
*ment entre nous*
*Indices*
*Prémices*
*Qui rendent fou (...)*
*J'dévisse*
*J'rap'tisse*
*J'suis à bout*
Semblant se dédire, après
ses velléités d'abandon, elle
publie en 1989 une com-
pilation intitulée « Vingt
ans vingt titres », augmen-
tée de cinq « nouveaux »
titres produits par David
Richards. Il s'agit en
fait de trois chansons
anciennes « revisitées » et
de ses propres versions de
*Fais-moi une place* et de *En
résumé... en conclusion*, dont
la version originale, chan-
tée par Jean-Pierre Mader,
l'avait laissée sur sa faim :
*En résumé*
*Ça va faire mal*
*J'vais plonger*
*Ce type va m'infliger*
*L'supplice de Tantale*
*En conclusion*
*Bonjour les cernes*
*J'en réponds*
*Ce type est un poison*
*A usage interne*

« J'ai écrit mes meilleures chansons lorsque je touchais le fin fond de la souffrance, je pense en particulier à *Je suis de trop ici*, *Fais-moi une place* et *Clair-Obscur*, qui a donné son titre à l'album que j'ai publié en 2000. Cette chanson me tient à cœur... »

*Je n'aime rien tant que la fêlure*
*Qui lézarde le mur*
*De sa résistance...*

A la rentrée 1990, tous les samedis dans l'émission *Télé-Zèbre* de Thierry Ardisson, Françoise parle astrologie à ses invités. Elle accueille entre autres Gainsbourg, dont c'est la dernière apparition à la télé. Thomas, qui a été très proche de Serge au cours des dernières années de sa vie, ne donne que des satisfactions à sa maman. Il obtient son bac et passe deux années excellentes à l'université, avant de changer radicalement de cap. « Quand il m'a annoncé qu'il allait tout arrêter pour devenir guitariste professionnel, j'ai été très contrariée. Mais comment lui opposer un refus alors que ses deux parents n'ont pas fait d'études et se sont lancés très jeunes dans la musique ? » Entre-temps, Madeleine, la mère de Françoise, disparaît.

## « Sentir battre un peu plus vite un cœur qui se croyait trop vieux, merveilleux »

« Alors que j'avais dépassé la quarantaine, elle me dictait encore ma conduite et critiquait tout ce que faisait Jacques. Je me crispais dès qu'elle était dans les parages. Un jour, j'ai pris la défense de Jacques et elle a piqué une colère incroyable. Après, plus rien n'a été comme avant : c'est ainsi que le cordon a été coupé. » Pourtant, Dutronc lui en fait voir. Par exemple, il lui impose sans cesse ses amis, dont une large proportion de poivrots corses. « Disons que Françoise a quand même fait la bouffe pour ma ménagerie pendant... je sais pas, moi, vingt ou vingt-cinq ans. Elle l'appelait ma "cour des miracles", certains de mes potes étaient pas mal dans le style. Pas des sculpteurs ou des écrivains, quoi, plutôt le genre plombier... »

Sur le plan professionnel, elle s'associe à Alain Lubrano. Il signe la mélodie de *Profil*, une chanson inédite figurant sur la compile « Françoise Hardy Blues » qui sort en 1993. La même année, elle écrit les textes du premier album de ce séduisant jeune homme. En duo ils chantent *Si ça fait mal*. Surmontant son allergie aux plateaux de télévision, elle accepte pour faire la promotion de cette chanson – qu'elle considère comme une de ses meilleures – de participer à plusieurs émissions.

« Ce garçon a beaucoup de personnalité. Les musiques qu'il m'a présentées m'ont semblé tout de suite abouties et je lui ai offert un contrat d'une année avec ma toute petite société

d'éditions musicales, Kundalini. Ça me semblait une manière intéressante de garder un pied dans ce métier que je ne voulais pas quitter complètement. » « Je ne connaissais que quelques-unes de ses chansons, entendues à la radio quand j'étais enfant, avoue Lubrano. Je n'ai pas cherché à en savoir plus, pour ne pas me rajouter de la pression quand nous avons commencé à travailler ensemble. Ce qui m'a toujours intéressé chez elle, c'est le côté rock de son personnage. »

Fan de rock, Françoise l'est restée, mais sans le moindre snobisme. Elle peut, dans le même souffle, vous avouer sa passion pour un album de Perry Blake ou de Grandaddy et pour certaines chansons de Julio Iglesias et Céline Dion. Ermite, mais ouverte au monde extérieur, son goût très sûr lui vaut une crédibilité que d'autres lui envient. Avant tout le monde, au milieu des années 90, elle s'est enflammée pour le groupe anglais Radiohead qu'elle avait vu en concert quand il n'attirait qu'une poignée d'allumés. Il lui suffit d'apercevoir un clip sur MTV ou de repérer une chanson à la radio qui la séduit pour foncer acheter les disques de Blur, Garbage, Jean-Louis Murat, Emilia Torrini, Ben Christopher, deUs, Coldplay, Alana Filipi ou P.J. Harvey. Sa dernière passion et non des moindres est la pianiste classique Hélène Grimaud qu'elle a rencontrée en 2000. Sur un autre plan, les conversations littéraires sont passionnantes avec elle. Grâce à son enthousiasme communicatif, nombreux sont ses amis qui ont dévoré *La Plage d'Ostende* de Jacqueline Harpman, *Tristesse et beauté* de Kawabata, *Extension du*

# « Moi j'voulais amour, douceur et harmonie c'est tout l'contraire ici »

*domaine de la lutte* de Michel Houellebecq ou l'intégrale d'Edith Wharton. En avril 1994, elle fut bouleversée par la mort de Kurt Cobain. Le groupe français Kat Onoma n'a pas de meilleure attachée de presse, depuis la sortie de son premier album en 1987. « C'est son côté midinette ! ricane Dutronc. Des fois, je l'entends sauter de joie parce qu'elle a entendu un truc à la radio. Elle est prête à aller applaudir des groupes obscurs dans des bouis-bouis infâmes. » « Pour moi, explique l'intéressée, c'est un miracle d'entendre subitement un morceau qui me transcende. Quand cela m'arrive, j'ai envie de le faire partager, parfois un peu despotiquement à mon entourage... » Elle est aussi restée fan de Jacques, en particulier de ses chansons sentimentales comme *Amour toujours, tendresse, caresse* ou, de titres plus ironiques, du genre *Comment elles dorment*. « Il a composé cette magnifique mélodie, *A la vie, à l'amour*... Il lui arrive d'être très proche de ce que j'aime : il a dit lui-même dans une interview que la tristesse, ça le connaît. »

Au lieu de s'enfermer dans sa tour d'ivoire, Françoise est flattée d'être invitée sur les disques des autres ou sollicitée pour des projets spéciaux. C'est ainsi qu'on l'a vue chanter des duos avec Malcolm McLaren (*Revenge Of The Flowers*), le duo versaillais Air (*Jeanne*), Iggy Pop (*I'll Be Seing You*), Étienne Daho et Sylvie Vartan (*Quelqu'un qui me ressemble*) et même, à la surprise générale, sur la scène du Palais des Sports en 1997 à l'occasion du cinquantième anniversaire de Julien Clerc, avec qui elle chanta *Mon ange*. Mais c'est avec Blur que s'est produit la plus réussie de ces collaborations extérieures. Séduite par le charisme du chanteur Damon Albarn, elle a interprété *To The End* qui lui a permis d'effectuer un come-back inattendu dans les médias britanniques.

Le 22 avril 1996, Françoise Hardy, 52 ans, publie son vingt-quatrième album, « Le Danger », un album sombre et magnifique à la pochette rouge et noire. Pour ce disque, qui ne se vendra que modestement malgré une soirée spéciale sur Canal+, « Françoise Hardy modes d'emploi » mise en images par Mathias Ledoux et dirigée par l'auteur du présent ouvrage, elle travaille étroitement avec Rodolphe Burger de Kat Onoma et Alain Lubrano. Premier single extrait de ce chef-d'œuvre méconnu, « Mode d'emploi » évoque l'un de ses thèmes favoris : l'absence de communication, les silences. Ceux de Jacques, naturellement « Le paradoxe de notre relation est peut-être là, déclare-t-elle à l'époque. Nous avons duré parce que nous n'avons jamais formé un couple, sinon aux yeux des autres. C'est quelqu'un qui est dans le non-dit, alors que j'ai besoin de mettre – et que l'on me mette – les points sur les i... »

*L'indifférence*
*Peut très bien*
*Servir de garde-fou... voyez-vous :*
*Son silence*
*Ne dit rien*
*Mais parle aussi beaucoup*
*Très entre nous... entre nous...*

« Elle est un peu givrée, quand même, faut pas l'oublier, lâche Dutronc en rigolant. J'en suis la preuve vivante, en tout cas pour l'instant. Givrée mais sympathique... Heureusement, elle écrit pas mal. Même si ça souffre, c'est pas toujours très gai, quoi... » « Moi, réplique Jean-Marie Périer, je suis fasciné par le décalage. Françoise est la personne la plus drôle que je connaisse, elle ne pense qu'à rigoler : à table, avec le bordeaux qu'il faut, elle part au quart de tour. Puis on se plonge dans ses chansons, et il n'est question que de délectation morose et de mal de vivre... »

En filigrane, *L'Obscur Objet* évoque le film de Buñuel tandis que *Dix heures en été*, peut-être la plus belle chanson de cet album magique, fait directement référence à *Dix heures et demie du soir en été*, roman d'un de ses écrivains préférés, Marguerite Duras. Sur le thème de l'amour-miroir et des amours dévastées, sa voix se fond à merveille aux lourdes boucles rythmiques et aux guitares mélancoliques de Rodolphe Burger :

*Il devrait fuir*
*Les faux sourires*
*Se dessaisir*
*Du vain miroir*
*Qu'elle tend*
*Des fards*
*Du vent qu'elle vent*

Sur une mélodie légère d'Alain Lubrano, elle explore la naïveté des hommes, leur manque de discernement :

*Quand il s'en va chercher sa Madeleine*
*Je me mets à pleurer comme une madeleine*
*Il connaît pas vraiment les stratagèmes*
*Qui datent pourtant d'avant Mathusalem*

« J'ai vu autour de moi pas mal d'hommes se faire avoir par des petites bonnes femmes extrêmement malignes, ils sont piégés par leur orgueil ou leur vanité, analyse-t-elle. Ils se croient amoureux, alors qu'ils sont seulement accros à l'image flatteuse, toute-puissante d'eux-mêmes que l'autre a su leur renvoyer pour mieux les ligoter. »

*Regarde-toi au fond des yeux*
*Les hommes ont tort d'accuser Dieu*
*Ce dieu du fond des âges*
*Qu'ils créent à leur image*
*Aveugle et sourd, si orgueilleux*

Dans *Regarde-toi* elle effleure le thème difficile de la spiritualité, avant de conclure par ce déchirant « Je t'aimerai toujours pour deux... » Chanson préférée de Jacques sur cet album,

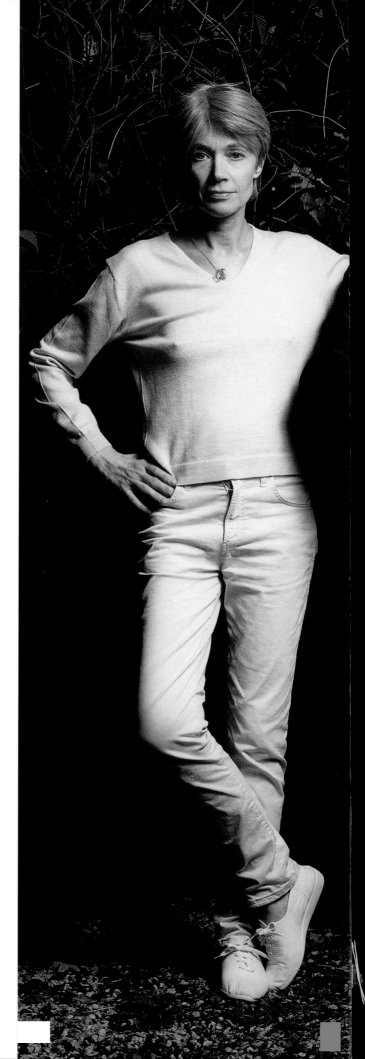

*Un peu d'eau* est aussi la seule composée par Jean-Noël Chaléat : « Il y a des gens, plus souvent des femmes, qui n'ont pas pu dépasser le stade de l'enfance et qui pleurent à tout bout de champ... Il y en a d'autres, le plus souvent des hommes, qui refusent les larmes, parce qu'ils refusent l'émotion, peut-être parce que leur enfance ne leur a appris qu'à serrer les dents... Entre ces deux extrêmes, il y a un juste milieu. *Un peu d'eau* parle des larmes en termes d'eau vive... »

En 1999, Françoise et Jacques déménagent et s'installent sur trois niveaux dans un immeuble seventies du quartier de l'Étoile. S'ils partagent le rez-de-chaussée, Jacques s'approprie le premier étage et Françoise le second. Les deux appartements communiquent par un ascenseur. Pour se parler, ils se téléphonent (« C'est l'amour en duplex »). Midi et soir, elle lui prépare ses repas diététiques. Le soir, après le dîner, elle répond à ses e-mails. « Puis je regarde des films en V.O. sur les chaînes du câble. Avant de me coucher, je vais toujours lui dire bonsoir. »

Nettement plus grand public que le disque précédent, « Clair-Obscur » est sorti en mai 2000. Malgré une photo de pochette très dure (Périer, toujours), l'album, récompensé par un Grand Prix de la Sacem, atteint le disque d'or, en particulier grâce à la reprise (et au clip, très émouvant) de *Puisque vous partez en voyage*, en duo avec Jacques Dutronc, avec Thomas à la guitare. Dans la version originale de cette chanson des années 30, créée par Mireille et Jean Sablon, ce dernier est l'amoureux transi et Mireille celle qui s'en va. Françoise inverse les rôles : c'est lui qui s'en va et c'est elle qui reste sur le quai.

D'autres duos émaillent ce CD : *Celui que tu veux*, avec Ol, son auteur-compositeur (« Olivier N'gog, un métis camerounais qui a le charisme d'un prince ») ; *So Sad* des Everly Brothers avec Étienne Daho (« Ma chan-

son de chevet depuis des années, peut-être ma préférée de tous les temps »), tandis qu'elle revisite des chansons de son répertoire (*Tu ressembles à tous ceux qui ont eu du chagrin, Clair-Obscur*). Les guitaristes sont à l'honneur : *Contre vents et marées* est l'adaptation d'un titre d'Eric Clapton (*Theme From A Movie That Never Happened*). *Tous mes souvenirs me tuent* est une mise en paroles de *Tears* de Django Reinhardt, l'idole absolue de Thomas, qui joue sur ce titre, aux côtés de Babik, fils de Django.

*Je voudrais que rien n'efface*
*La magie, l'état de grâce*
*De nos paradis perdus*

« Ces paroles correspondent à l'âge que j'ai. C'est une façon d'exprimer la tristesse poignante qui vous étreint quand on se rappelle ses belles années, sa jeunesse, tout ce qui s'est passé et qui ne reviendra plus. (...) Cependant, si mes souvenirs me tuent parfois, ils m'aident aussi à vivre (...). J'ai eu la chance de connaître le grand amour et je l'ai vécu avec une telle intensité que j'ai fini par épuiser le sujet. Ce qui ne veut pas dire que je n'aime pas ! Aimer, tout en étant libérée du poison du désir et de la possessivité, est une forme d'amour qui va plus loin. »

Dans *La Saison des pluies*, titre qu'elle avait souhaité donner à l'album, l'orage du « Danger » est passé mais le ciel reste couvert et le Tarot menace :

*Tourne le Pendu*
*Au bout d'une corde*
*Tel est mordu*
*Qui avait cru mordre*
*Nos violons se sont tus*
*Avant qu'ils ne*
*s'accordent*
*Brisés à leur insu*
*En plein cœur du désordre*

« Je ne sais pas écrire autre chose que la douleur des sentiments et seules les musiques romantiques qui expriment une douleur sublimée m'inspirent. Vieillir n'amène que des épreuves : on enlaidit, on se déglingue chaque jour un peu plus, l'énergie diminue, le cerveau fonctionne moins bien, on perd des proches, et c'est une source d'angoisse commune à tous les êtres humains que voir la maladie et la mort se rapprocher inexorablement ! »

Dans *La Vérité des choses*, une chanson réalisée par Alain Lubrano, elle aspire à une forme de détachement qui ne soit pas de l'indifférence, elle souhaite aller vers l'essentiel :

*Balayer*
*Toutes les erreurs de jeunesse*
*Cultiver*
*Un début de sagesse*
*La beauté du geste*
*Est la seule qu'il nous reste*

« Combien de fois verrai-je refleurir les lilas ? » s'inquiète-t-elle. Mais elle ajoute : « Dans le meilleur des cas, la dégradation du corps est compensée par l'affinement de l'esprit. La tragique condition humaine aboutit à ce que le corps devienne invivable au point que l'esprit aspire à s'en libérer et c'est justement la mort qui permet cette libération. On est propulsé sur cette planète et ce qui importe c'est d'essayer de faire de son mieux là où on est, avec les moyens que l'on a. Mon parcours n'est pas extraordinaire, je n'ai rien su faire d'autre que quelques petites chansons par-ci par-là, mais j'y ai mis tout mon cœur. »

Jacques Dutronc : « Bon, ben, je vais vous laisser, parce que là mon cigare s'est éteint et il se fait tard... »

Remerciements

Merci à Jacques et Thomas Dutronc, Étienne Daho, Michel Field,
Yann Grasland, Patrick Loiseau, Loïc Picaud
et un grand merci à F.H. de la part du gros bébé joufflu.

Et je n'aurais pu, bien sûr, tracer ce portrait de Françoise Hardy
sans consulter les travaux de ceux qui m'ont précédé :
Étienne Daho et Jérôme Soligny, Françoise Hardy : *superstar et ermite*, (Jacques Grancher éditeur, 1986).
Éric Dumont, *Notes secrètes*, (Albin Michel, 1991).
François Jouffa, *L'Âge d'or du yéyé*, (Ramsay, 1983).

*Toutes les phrases citées en exergue sont extraites des chansons de Françoise Hardy.*

# Crédits

Production : Estelle Cerutti  – Direction Artistique : Luc Doligez – Iconographie : Marianne Baur
Photogravure : Bussière, Paris
Achevé d'imprimer en France par Pollina, Luçon
N° d'impression  : n° L87398
N° d'édition  : 20878
Dépôt légal : octobre 2002